창세기 Genesis

writing bible

주의 말씀은 내 발에 등이요 내 길에 빛이니이다 시 119:105

하나님의 말씀은 살아 있고 활력이 있어

좌우에 날선 어떤 검보다도 예리하여…

마음의 생각과 뜻을 판단하나니 히 4:12

* 본문 성경은 (재) 대한성서 공회가 발행한 「개역개정」을 사용하였습니다.

창세기 Genesis

■ 손글씨 성경의 특징

- 볼펜, 만년필, 연필등 사용에 제일 적합한 종이을 사용하였다.
- 완전히 펼쳐지는 고급제본 형태이다.
- 가독성이 높은 서체를 사용하였으며 절과절 사이의 간격을 주었다.
- 성경본문 수록으로 시간과 장소에 구애받지 안고 필사할 수 있다.

■ 성경필사는 어떻게 하나요 !!

성경을 단순히 글을 옮겨 쓰는 것 이외에 눈으로 읽고 머리로 생각하고 마음으로 되새기는 것이다.

1. 기도하는 마음으로 성경을 소리내어 읽어가며 쓴다.
2. 한 절을 다 쓴 후에 한번 읽고 묵상한다.
3. 말씀을 나의 삶에 적용한다.
4. 필사 후 기도로 마무리한다.

Genesis writing bible 1

2021년 2월 1일 초판발행
발 행 인 석종환
발 행 처 도서출판 예림
등록번호 제 1-2685호

경기도 남양주시 강변북로 632번길 9 영석빌딩 3층
Tel: 02) 921-6045~6 Fax: 02) 921-4524
E-mail: yaelim21c@hanmail.net
홈페이지: www.yelimbook.com
ISBN 978-89-6475-175-6

정가 6,500원 ※ 잘못된 책은 바꾸어 드립니다.

1장 ~ 27장

창세기

GENESIS writing bible

【1권】

필사자 :			
시작날 :	년	월	일
마친날 :	년	월	일

저 자 모세 moses

기록시기 주 전(B.C) 1446~406년경

기록목적

하나님의 특별 계시인 성경의 첫 막(幕)을 여는 창세기는 우주에 있는 모든 것들의 시작에 관한 기록이다. 즉 하늘, 땅, 동식물, 사람 등 세상의 모든 것들을 창조하셨다. 또한 그분께서 선택하신 백성을 통하여 인류에게 구원의 길을 보여 주기 위해서 기록하였다.

Yelim publishing

CONTENTS

창세기 1 (1~27장)

목 차

genesis 2 (28~50장)

창세기 50장 1533절

창세기(創世記)는 크게 보아 2부로 나눌 수 있다.

제1부 태고사(太古史 : 만물의 기원) _ 1~11장

1. 세계와 인류의 창조(1-2장)
2. 죄의 기원과 낙원 추방(3장)
3. 문명의 기원과 사람의 증가(4-5장)
4. 노아의 홍수 이야기(6-9장)
5. 제민족과 헤브라이인의 기원 및 바벨탑(10-11장)

제2부 족장사(族長史) _ 12~50장

1. 아브라함의 생애(12-25:18)
2. 이사악의 생애(25:19-28:9)
3. 야곱의 생애(28:10-36장)
4. 요셉의 생애(37-50장)

무엇이든지 전에 기록된 바는 우리의 교훈을 위하여 기록된 것이니
우리로 하여금 인내로 또는 성경의 위로로
소망을 가지게 함이니라.(로마서15 : 4)

창세기

GENESIS *writing bible*

천지 창조

1 태초에 하나님이 천지를 창조하시니라

2 땅이 혼돈하고 공허하며 흑암이 깊음
위에 있고 하나님의 영은 수면 위에
운행하시니라

3 하나님이 이르시되 빛이 있으라 하시
니 빛이 있었고

4 빛이 하나님이 보시기에 좋았더라 하
나님이 빛과 어둠을 나누사

5 하나님이 빛을 낮이라 부르시고 어둠
을 밤이라 부르시니라 저녁이 되고 아
침이 되니 이는 첫째 날이니라

6 하나님이 이르시되 물 가운데에 궁창
이 있어 물과 물로 나뉘라 하시고

7 하나님이 궁창을 만드사 궁창 아래의
물과 궁창 위의 물로 나뉘게 하시니 그
대로 되니라

8 하나님이 궁창을 하늘이라 부르시니라
저녁이 되고 아침이 되니 이는 둘째
날이니라

9 하나님이 이르시되 천하의 물이 한 곳
으로 모이고 뭍이 드러나라 하시니 그
대로 되니라

10 하나님이 뭍을 땅이라 부르시고 모인
물을 바다라 부르시니 하나님이 보시
기에 좋았더라

11 하나님이 이르시되 땅은 풀과 씨 맺는
채소와 각기 종류대로 씨 가진 열매 맺
는 나무를 내라 하시니 그대로 되어

12 땅이 풀과 각기 종류대로 씨 맺는 채소
와 각기 종류대로 씨 가진 열매 맺는 나
무를 내니 하나님이 보시기에 좋았더라

13 저녁이 되고 아침이 되니 이는 셋째 날
이니라

14 하나님이 이르시되 하늘의 궁창에 광
명체들이 있어 낮과 밤을 나뉘게 하고
그것들로 징조와 계절과 날과 해를 이
루게 하라

15 또 광명체들이 하늘의 궁창에 있어 땅
을 비추라 하시니 그대로 되니라

16 하나님이 두 큰 광명체를 만드사 큰 광
명체로 낮을 주관하게 하시고 작은 광
명체로 밤을 주관하게 하시며 또 별들
을 만드시고

17 하나님이 그것들을 하늘의 궁창에 두
어 땅을 비추게 하시며

18 낮과 밤을 주관하게 하시고 빛과 어둠
을 나뉘게 하시니 하나님이 보시기에
좋았더라

19 저녁이 되고 아침이 되니 이는 넷째 날
이니라

20 하나님이 이르시되 물들은 생물을 번
성하게 하라 땅 위 하늘의 궁창에는 새
가 날으라 하시고

21 하나님이 큰 바다 짐승들과 물에서 번
성하여 움직이는 모든 생물을 그 종류
대로, 날개 있는 모든 새를 그 종류대
로 창조하시니 하나님이 보시기에 좋
았더라

22 하나님이 그들에게 복을 주시며 이르
시되 생육하고 번성하여 여러 바닷물
에 충만하라 새들도 땅에 번성하라 하
시니라

23 저녁이 되고 아침이 되니 이는 다섯째
날이니라

24 하나님이 이르시되 땅은 생물을 그 종
류대로 내되 가축과 기는 것과 땅의 짐
승을 종류대로 내라 하시니 그대로 되
니라

25 하나님이 땅의 짐승을 그 종류대로, 가
축을 그 종류대로, 땅에 기는 모든 것
을 그 종류대로 만드시니 하나님이 보
시기에 좋았더라

26 하나님이 이르시되 우리의 형상을 따
라 우리의 모양대로 우리가 사람을 만
들고 그들로 바다의 물고기와 하늘의
새와 가축과 온 땅과 땅에 기는 모든
것을 다스리게 하자 하시고

27 하나님이 자기 형상 곧 하나님의 형상
대로 사람을 창조하시되 남자와 여자
를 창조하시고

28 하나님이 그들에게 복을 주시며 하나님
이 그들에게 이르시되 생육하고 번성하

여 땅에 충만하라, 땅을 정복하라, 바다
의 물고기와 하늘의 새와 땅에 움직이
는 모든 생물을 다스리라 하시니라

29 하나님이 이르시되 내가 온 지면의 씨
맺는 모든 채소와 씨 가진 열매 맺는
모든 나무를 너희에게 주노니 너희의
먹을 거리가 되리라

30 또 땅의 모든 짐승과 하늘의 모든 새와
생명이 있어 땅에 기는 모든 것에게는
내가 모든 푸른 풀을 먹을 거리로 주노
라 하시니 그대로 되니라

31 하나님이 지으신 그 모든 것을 보시니
보시기에 심히 좋았더라 저녁이 되고
아침이 되니 이는 여섯째 날이니라

2 천지와 만물이 다 이루어지니라

2 하나님이 그가 하시던 일을 일곱째 날
에 마치시니 그가 하시던 모든 일을
그치고 일곱째 날에 안식하시니라

3 하나님이 그 일곱째 날을 복되게 하사
거룩하게 하셨으니 이는 하나님이 그
창조하시며 만드시던 모든 일을 마치
시고 그 날에 안식하셨음이니라

에덴 동산

4 이것이 천지가 창조될 때에 하늘과 땅
의 내력이니 여호와 하나님이 땅과 하
늘을 만드시던 날에

5 여호와 하나님이 땅에 비를 내리지 아
니하셨고 땅을 갈 사람도 없었으므로
들에는 초목이 아직 없었고 밭에는 채
소가 나지 아니하였으며

6 안개만 땅에서 올라와 온 지면을 적셨
더라

7 여호와 하나님이 땅의 흙으로 사람을
지으시고 생기를 그 코에 불어넣으시
니 사람이 생령이 되니라

8 여호와 하나님이 동방의 에덴에 동산
을 창설하시고 그 지으신 사람을 거기
두시니라

9 여호와 하나님이 그 땅에서 보기에 아
름답고 먹기에 좋은 나무가 나게 하시
니 동산 가운데에는 생명 나무와 선악
을 알게 하는 나무도 있더라

10 강이 에덴에서 흘러 나와 동산을 적시
고 거기서부터 갈라져 네 근원이 되었
으니

11 첫째의 이름은 비손이라 금이 있는 하
윌라 온 땅을 둘렀으며

12 그 땅의 금은 순금이요 그 곳에는 베델
리엄과 호마노도 있으며

13 둘째 강의 이름은 기혼이라 구스 온 땅
을 둘렀고

14 셋째 강의 이름은 힛데겔이라 앗수르
동쪽으로 흘렀으며 넷째 강은 유브라
데더라

【20 년 월 일】

15 여호와 하나님이 그 사람을 이끌어 에
덴 동산에 두어 그것을 경작하며 지키
게 하시고

16 여호와 하나님이 그 사람에게 명하여
이르시되 동산 각종 나무의 열매는 네
가 임의로 먹되

17 선악을 알게 하는 나무의 열매는 먹지
말라 네가 먹는 날에는 반드시 죽으리
라 하시니라

18 여호와 하나님이 이르시되 사람이 혼자
사는 것이 좋지 아니하니 내가 그를 위
하여 돕는 배필을 지으리라 하시니라

19 여호와 하나님이 흙으로 각종 들짐승과
공중의 각종 새를 지으시고 아담이 무
엇이라고 부르나 보시려고 그것들을 그
에게로 이끌어 가시니 아담이 각 생물
을 부르는 것이 곧 그 이름이 되었더라

20 아담이 모든 가축과 공중의 새와 들의
모든 짐승에게 이름을 주니라 아담이
돕는 배필이 없으므로

21 여호와 하나님이 아담을 깊이 잠들게
하시니 잠들매 그가 그 갈빗대 하나를
취하고 살로 대신 채우시고

22 여호와 하나님이 아담에게서 취하신
그 갈빗대로 여자를 만드시고 그를 아
담에게로 이끌어 오시니

23 아담이 이르되 이는 내 뼈 중의 뼈요
살 중의 살이라 이것을 남자에게서 취

하였은즉 여자라 부르리라 하니라

24 이러므로 남자가 부모를 떠나 그의 아
내와 합하여 둘이 한 몸을 이룰지로다

사람의 불순종과 하나님의 심판 선언

3 그런데 뱀은 여호와 하나님이 지으신
들짐승 중에 가장 간교하니라 뱀이 여
자에게 물어 이르되 하나님이 참으로
너희에게 동산 모든 나무의 열매를 먹
지 말라 하시더냐

2 여자가 뱀에게 말하되 동산 나무의 열
매를 우리가 먹을 수 있으나

3 동산 중앙에 있는 나무의 열매는 하나
님의 말씀에 너희는 먹지도 말고 만지
지도 말라 너희가 죽을까 하노라 하셨
느니라

4 뱀이 여자에게 이르되 너희가 결코 죽
지 아니하리라

5 너희가 그것을 먹는 날에는 너희 눈이
밝아져 하나님과 같이 되어 선악을 알
줄 하나님이 아심이니라

6 여자가 그 나무를 본즉 먹음직도 하고
보암직도 하고 지혜롭게 할 만큼 탐스
럽기도 한 나무인지라 여자가 그 열매
를 따먹고 자기와 함께 있는 남편에게
도 주매 그도 먹은지라

7 이에 그들의 눈이 밝아져 자기들이 벗

은 줄을 알고 무화과나무 잎을 엮어 치
마로 삼았더라

8 그들이 그 날 바람이 불 때 동산에 거니
시는 여호와 하나님의 소리를 듣고 아
담과 그의 아내가 여호와 하나님의 낯
을 피하여 동산 나무 사이에 숨은지라

9 여호와 하나님이 아담을 부르시며 그
에게 이르시되 네가 어디 있느냐

10 이르되 내가 동산에서 하나님의 소리
를 듣고 내가 벗었으므로 두려워하여
숨었나이다

11 이르시되 누가 너의 벗었음을 네게 알
렸느냐 내가 네게 먹지 말라 명한 그
나무 열매를 네가 먹었느냐

12 아담이 이르되 하나님이 주셔서 나와
함께 있게 하신 여자 그가 그 나무 열매
를 내게 주므로 내가 먹었나이다 13 여
호와 하나님이 여자에게 이르시되 네가
어찌하여 이렇게 하였느냐 여자가 이르
되 뱀이 나를 꾀므로 내가 먹었나이다

14 여호와 하나님이 뱀에게 이르시되 네
가 이렇게 하였으니 네가 모든 가축과
들의 모든 짐승보다 더욱 저주를 받아
배로 다니고 살아 있는 동안 흙을 먹을
지니라

15 내가 너로 여자와 원수가 되게 하고 네
후손도 여자의 후손과 원수가 되게 하
리니 여자의 후손은 네 머리를 상하게
할 것이요 너는 그의 발꿈치를 상하게

할 것이니라 하시고

16 또 여자에게 이르시되 내가 네게 임신
하는 고통을 크게 더하리니 네가 수고
하고 자식을 낳을 것이며 너는 남편을
원하고 남편은 너를 다스릴 것이니라
하시고

17 아담에게 이르시되 네가 네 아내의 말
을 듣고 내가 네게 먹지 말라 한 나무
의 열매를 먹었은즉 땅은 너로 말미암
아 저주를 받고 너는 네 평생에 수고하
여야 그 소산을 먹으리라

18 땅이 네게 가시덤불과 엉겅퀴를 낼 것
이라 네가 먹을 것은 밭의 채소인즉

19 네가 흙으로 돌아갈 때까지 얼굴에 땀
을 흘려야 먹을 것을 먹으리니 네가 그
것에서 취함을 입었음이라 너는 흙이
니 흙으로 돌아갈 것이니라 하시니라

20 아담이 그의 아내의 이름을 하와라 불
렀으니 그는 모든 산 자의 어머니가 됨
이더라

21 여호와 하나님이 아담과 그의 아내를
위하여 가죽옷을 지어 입히시니라

아담과 하와를 쫓아내시다

22 여호와 하나님이 이르시되 보라 이 사
람이 선악을 아는 일에 우리 중 하나
같이 되었으니 그가 그의 손을 들어 생
명 나무 열매도 따먹고 영생할까 하노
라 하시고

23 여호와 하나님이 에덴 동산에서 그를
내보내어 그의 근원이 된 땅을 갈게 하
시니라

24 이같이 하나님이 그 사람을 쫓아내시
고 에덴 동산 동쪽에 그룹들과 두루 도
는 불 칼을 두어 생명 나무의 길을 지
키게 하시니라

가인과 아벨

4 아담이 그의 아내 하와와 동침하매 하
와가 임신하여 가인을 낳고 이르되 내
가 여호와로 말미암아 득남하였다 하
니라

2 그가 또 가인의 아우 아벨을 낳았는데
아벨은 양 치는 자였고 가인은 농사하
는 자였더라

3 세월이 지난 후에 가인은 땅의 소산으
로 제물을 삼아 여호와께 드렸고

4 아벨은 자기도 양의 첫 새끼와 그 기
름으로 드렸더니 여호와께서 아벨과
그의 제물은 받으셨으나

5 가인과 그의 제물은 받지 아니하신지
라 가인이 몹시 분하여 안색이 변하니

6 여호와께서 가인에게 이르시되 네가
분하여 함은 어찌 됨이며 안색이 변함
은 어찌 됨이냐

7 네가 선을 행하면 어찌 낯을 들지 못하

겠느냐 선을 행하지 아니하면 죄가 문
에 엎드려 있느니라 죄가 너를 원하나
너는 죄를 다스릴지니라

8 가인이 그의 아우 아벨에게 말하고 그
들이 들에 있을 때에 가인이 그의 아
우 아벨을 쳐죽이니라

9 여호와께서 가인에게 이르시되 네 아
우 아벨이 어디 있느냐 그가 이르되 내
가 알지 못하나이다 내가 내 아우를 지
키는 자니이까

10 이르시되 네가 무엇을 하였느냐 네 아
우의 핏소리가 땅에서부터 내게 호소
하느니라

11 땅이 그 입을 벌려 네 손에서부터 네
아우의 피를 받았은즉 네가 땅에서 저
주를 받으리니

12 네가 밭을 갈아도 땅이 다시는 그 효력
을 네게 주지 아니할 것이요 너는 땅에
서 피하며 유리하는 자가 되리라

13 가인이 여호와께 아뢰되 내 죄짐을 지
기가 너무 무거우니이다

14 주께서 오늘 이 지면에서 나를 쫓아내
시온즉 내가 주의 낯을 뵈옵지 못하리
니 내가 땅에서 피하며 유리하는 자가
될지라 무릇 나를 만나는 자마다 나를
죽이겠나이다

15 여호와께서 그에게 이르시되 그렇지
아니하다 가인을 죽이는 자는 벌을 칠

배나 받으리라 하시고 가인에게 표를
주사 그를 만나는 모든 사람에게서 죽
임을 면하게 하시니라

가인의 자손

16 가인이 여호와 앞을 떠나서 에덴 동쪽
놋 땅에 거주하더니 유리함

17 아내와 동침하매 그가 임신하여 에녹
을 낳은지라 가인이 성을 쌓고 그의 아
들의 이름으로 성을 이름하여 에녹이
라 하니라

18 에녹이 이랏을 낳고 이랏은 므후야엘
을 낳고 므후야엘은 므드사엘을 낳고
므드사엘은 라멕을 낳았더라

19 라멕이 두 아내를 맞이하였으니 하나
의 이름은 아다요 하나의 이름은 씰라
였더라

20 아다는 야발을 낳았으니 그는 장막에
거주하며 가축을 치는 자의 조상이 되
었고

21 그의 아우의 이름은 유발이니 그는 수
금과 퉁소를 잡는 모든 자의 조상이 되
었으며

22 씰라는 두발가인을 낳았으니 그는 구
리와 쇠로 여러 가지 기구를 만드는 자
요 두발가인의 누이는 나아마였더라

23 라멕이 아내들에게 이르되 아다와 씰
라여 내 목소리를 들으라 라멕의 아내
들이여 내 말을 들으라 나의 상처로 말

미암아 내가 사람을 죽였고 나의 상함
으로 말미암아 소년을 죽였도다

24 가인을 위하여는 벌이 칠 배일진대 라
멕을 위하여는 벌이 칠십칠 배이리로
다 하였더라

셋과 에노스

25 아담이 다시 자기 아내와 동침하매 그
가 아들을 낳아 그의 이름을 셋이라
하였으니 이는 하나님이 내게 가인이
죽인 아벨 대신에 다른 씨를 주셨다
함이며

26 셋도 아들을 낳고 그의 이름을 에노스
라 하였으며 그 때에 사람들이 비로소
여호와의 이름을 불렀더라

아담의 계보

5 이것은 아담의 계보를 적은 책이니라
하나님이 사람을 창조하실 때에 하나
님의 모양대로 지으시되

2 남자와 여자를 창조하셨고 그들이 창
조되던 날에 하나님이 그들에게 복을
주시고 그들의 이름을 사람이라 일컬
으셨더라

3 아담은 백삼십 세에 자기의 모양 곧
자기의 형상과 같은 아들을 낳아 이름
을 셋이라 하였고

4 아담은 셋을 낳은 후 팔백 년을 지내
며 자녀들을 낳았으며

【20 년 월 일】

5 그는 구백삼십 세를 살고 죽었더라

6 셋은 백오 세에 에노스를 낳았고

7 에노스를 낳은 후 팔백칠 년을 지내며
자녀들을 낳았으며

8 그는 구백십이 세를 살고 죽었더라

9 에노스는 구십 세에 게난을 낳았고

10 게난을 낳은 후 팔백십오 년을 지내며
자녀들을 낳았으며

11 그는 구백오 세를 살고 죽었더라

12 게난은 칠십 세에 마할랄렐을 낳았고

13 마할랄렐을 낳은 후 팔백사십 년을 지
내며 자녀들을 낳았으며

14 그는 구백십 세를 살고 죽었더라

15 마할랄렐은 육십오 세에 야렛을 낳았고

16 야렛을 낳은 후 팔백삼십 년을 지내며
자녀를 낳았으며

17 그는 팔백구십오 세를 살고 죽었더라

18 야렛은 백육십이 세에 에녹을 낳았고

19 에녹을 낳은 후 팔백 년을 지내며 자녀
들을 낳았으며

20 그는 구백육십이 세를 살고 죽었더라

21 에녹은 육십오 세에 므두셀라를 낳았고

22 므두셀라를 낳은 후 삼백 년을 하나님
과 동행하며 자녀들을 낳았으며

23 그는 삼백육십오 세를 살았더라

24 에녹이 하나님과 동행하더니 하나님이
그를 데려가시므로 세상에 있지 아니
하였더라

25 므두셀라는 백팔십칠 세에 라멕을 낳
았고

26 라멕을 낳은 후 칠백팔십이 년을 지내
며 자녀를 낳았으며

27 그는 구백육십구 세를 살고 죽었더라

28 라멕은 백팔십이 세에 아들을 낳고

29 이름을 노아라 하여 이르되 여호와께
서 땅을 저주하시므로 수고롭게 일하
는 우리를 이 아들이 안위하리라 하였
더라

30 라멕은 노아를 낳은 후 오백구십오 년
을 지내며 자녀들을 낳았으며 31 그
는 칠백칠십칠 세를 살고 죽었더라

32 노아는 오백 세 된 후에 셈과 함과 야
벳을 낳았더라

사람의 죄악

6 사람이 땅 위에 번성하기 시작할 때에
그들에게서 딸들이 나니

2 하나님의 아들들이 사람의 딸들의 아
름다움을 보고 자기들이 좋아하는 모
든 여자를 아내로 삼는지라

【20 년 월 일】

3 여호와께서 이르시되 나의 영이 영원
히 사람과 함께 하지 아니하리니 이는
그들이 육신이 됨이라 그러나 그들의
날은 백이십 년이 되리라 하시니라

4 당시에 땅에는 네피림이 있었고 그 후
에도 하나님의 아들들이 사람의 딸들
에게로 들어와 자식을 낳았으니 그들
은 용사라 고대에 명성이 있는 사람들
이었더라

5 여호와께서 사람의 죄악이 세상에 가
득함과 그의 마음으로 생각하는 모든
계획이 항상 악할 뿐임을 보시고

6 땅 위에 사람 지으셨음을 한탄하사 마
음에 근심하시고

7 이르시되 내가 창조한 사람을 내가 지
면에서 쓸어버리되 사람으로부터 가축
과 기는 것과 공중의 새까지 그리하리
니 이는 내가 그것들을 지었음을 한탄
함이니라 하시니라

8 그러나 노아는 여호와께 은혜를 입었
더라

노아의 족보

9 이것이 노아의 족보니라 노아는 의인
이요 당대에 완전한 자라 그는 하나님
과 동행하였으며

10 세 아들을 낳았으니 셈과 함과 야벳이라

11 그 때에 온 땅이 하나님 앞에 부패하여
포악함이 땅에 가득한지라

12 하나님이 보신즉 땅이 부패하였으니
이는 땅에서 모든 혈육 있는 자의 행위
가 부패함이었더라

13 하나님이 노아에게 이르시되 모든 혈
육 있는 자의 포악함이 땅에 가득하므
로 그 끝 날이 내 앞에 이르렀으니 내
가 그들을 땅과 함께 멸하리라

14 너는 고페르 나무로 너를 위하여 방주
를 만들되 그 안에 칸들을 막고 역청을
그 안팎에 칠하라

15 네가 만들 방주는 이러하니 그 길이는
삼백 규빗, 너비는 오십 규빗, 높이는
삼십 규빗이라

16 거기에 창을 내되 위에서부터 한 규빗
에 내고 그 문은 옆으로 내고 상 중 하
삼층으로 할지니라

17 내가 홍수를 땅에 일으켜 무릇 생명의
기운이 있는 모든 육체를 천하에서 멸절
하리니 땅에 있는 것들이 다 죽으리라

18 그러나 너와는 내가 내 언약을 세우리
니 너는 네 아들들과 네 아내와 네 며
느리들과 함께 그 방주로 들어가고

19 혈육 있는 모든 생물을 너는 각기 암수
한 쌍씩 방주로 이끌어들여 너와 함께
생명을 보존하게 하되

20 새가 그 종류대로, 가축이 그 종류대
로, 땅에 기는 모든 것이 그 종류대로
각기 둘씩 네게로 나아오리니 그 생명

을 보존하게 하라

21 너는 먹을 모든 양식을 네게로 가져다
가 저축하라 이것이 너와 그들의 먹을
것이 되리라

22 노아가 그와 같이 하여 하나님이 자기
에게 명하신 대로 다 준행하였더라

홍수

7 여호와께서 노아에게 이르시되 너와
네 온 집은 방주로 들어가라 이 세대에
서 네가 내 앞에 의로움을 내가 보았음
이니라

2 너는 모든 정결한 짐승은 암수 일곱
씩, 부정한 것은 암수 둘씩을 네게로
데려오며

3 공중의 새도 암수 일곱씩을 데려와 그
씨를 온 지면에 유전하게 하라

4 지금부터 칠 일이면 내가 사십 주야를
땅에 비를 내려 내가 지은 모든 생물
을 지면에서 쓸어버리리라

5 노아가 여호와께서 자기에게 명하신
대로 다 준행하였더라

6 홍수가 땅에 있을 때에 노아가 육백
세라

7 노아는 아들들과 아내와 며느리들과
함께 홍수를 피하여 방주에 들어갔고

8 정결한 짐승과 부정한 짐승과 새와 땅
에 기는 모든 것은

9 하나님이 노아에게 명하신 대로 암수
둘씩 노아에게 나아와 방주로 들어갔
으며

10 칠 일 후에 홍수가 땅에 덮이니

11 노아가 육백 세 되던 해 둘째 달 곧 그
달 열이렛날이라 그 날에 큰 깊음의 샘
들이 터지며 하늘의 창문들이 열려

12 사십 주야를 비가 땅에 쏟아졌더라

13 곧 그 날에 노아와 그의 아들 셈, 함,
야벳과 노아의 아내와 세 며느리가 다
방주로 들어갔고

14 그들과 모든 들짐승이 그 종류대로, 모
든 가축이 그 종류대로, 땅에 기는 모
든 것이 그 종류대로, 모든 새가 그 종
류대로

15 무릇 생명의 기운이 있는 육체가 둘씩
노아에게 나아와 방주로 들어갔으니

16 들어간 것들은 모든 것의 암수라 하나
님이 그에게 명하신 대로 들어가매 여
호와께서 그를 들여보내고 문을 닫으
시니라

17 홍수가 땅에 사십 일 동안 계속된지라
물이 많아져 방주가 땅에서 떠올랐고

18 물이 더 많아져 땅에 넘치매 방주가 물
위에 떠 다녔으며

【20 년 월 일】

19 물이 땅에 더욱 넘치매 천하의 높은 산
이 다 잠겼더니

20 물이 불어서 십오 규빗이나 오르니 산
들이 잠긴지라

21 땅 위에 움직이는 생물이 다 죽었으니
곧 새와 가축과 들짐승과 땅에 기는 모
든 것과 모든 사람이라

22 육지에 있어 그 코에 생명의 기운의 숨
이 있는 것은 다 죽었더라

23 지면의 모든 생물을 쓸어버리시니 곧
사람과 가축과 기는 것과 공중의 새까
지라 이들은 땅에서 쓸어버림을 당하
였으되 오직 노아와 그와 함께 방주에
있던 자들만 남았더라

24 물이 백오십 일을 땅에 넘쳤더라

홍수가 그치다

8 하나님이 노아와 그와 함께 방주에 있
는 모든 들짐승과 가축을 기억하사 하
나님이 바람을 땅 위에 불게 하시매 물
이 줄어들었고

2 깊음의 샘과 하늘의 창문이 닫히고 하
늘에서 비가 그치매

3 물이 땅에서 물러가고 점점 물러가서
백오십 일 후에 줄어들고

4 일곱째 달 곧 그 달 열이렛날에 방주
가 아라랏 산에 머물렀으며

5 물이 점점 줄어들어 열째 달 곧 그 달
초하룻날에 산들의 봉우리가 보였더라

6 사십 일을 지나서 노아가 그 방주에 낸
창문을 열고

7 까마귀를 내놓으매 까마귀가 물이 땅
에서 마르기까지 날아 왕래하였더라

8 그가 또 비둘기를 내놓아 지면에서 물
이 줄어들었는지를 알고자 하매

9 온 지면에 물이 있으므로 비둘기가 발
붙일 곳을 찾지 못하고 방주로 돌아와
그에게로 오는지라 그가 손을 내밀어
방주 안 자기에게로 받아들이고

10 또 칠 일을 기다려 다시 비둘기를 방주
에서 내놓으매

11 저녁때에 비둘기가 그에게로 돌아왔는
데 그 입에 감람나무 새 잎사귀가 있는
지라 이에 노아가 땅에 물이 줄어든 줄
을 알았으며

12 또 칠 일을 기다려 비둘기를 내놓으매
다시는 그에게로 돌아오지 아니하였
더라

13 육백일 년 첫째 달 곧 그 달 초하룻날
에 땅 위에서 물이 걷힌지라 노아가 방
주 뚜껑을 제치고 본즉 지면에서 물이
걷혔더니

14 둘째 달 스무이렛날에 땅이 말랐더라

15 하나님이 노아에게 말씀하여 이르시되

【20 년 월 일】

16 너는 네 아내와 네 아들들과 네 며느리
들과 함께 방주에서 나오고

17 너와 함께 한 모든 혈육 있는 생물 곧
새와 가축과 땅에 기는 모든 것을 다
이끌어내라 이것들이 땅에서 생육하
고 땅에서 번성하리라 하시매

18 노아가 그 아들들과 그의 아내와 그 며
느리들과 함께 나왔고

19 땅 위의 동물 곧 모든 짐승과 모든 기
는 것과 모든 새도 그 종류대로 방주에
서 나왔더라

노아가 번제를 드리다

20 노아가 여호와께 제단을 쌓고 모든 정
결한 짐승과 모든 정결한 새 중에서 제
물을 취하여 번제로 제단에 드렸더니

21 여호와께서 그 향기를 받으시고 그 중
심에 이르시되 내가 다시는 사람으로
말미암아 땅을 저주하지 아니하리니
이는 사람의 마음이 계획하는 바가 어
려서부터 악함이라 내가 전에 행한 것
같이 모든 생물을 다시 멸하지 아니하
리니

22 땅이 있을 동안에는 심음과 거둠과 추
위와 더위와 여름과 겨울과 낮과 밤이
쉬지 아니하리라

하나님이 노아와 언약을 세우시다

9 하나님이 노아와 그 아들들에게 복을
주시며 그들에게 이르시되 생육하고
번성하여 땅에 충만하라

2 땅의 모든 짐승과 공중의 모든 새와
땅에 기는 모든 것과 바다의 모든 물
고기가 너희를 두려워하며 너희를 무
서워하리니 이것들은 너희의 손에 붙
였음이니라

3 모든 산 동물은 너희의 먹을 것이 될
지라 채소 같이 내가 이것을 다 너희
에게 주노라

4 그러나 고기를 그 생명 되는 피째 먹
지 말 것이니라

5 내가 반드시 너희의 피 곧 너희의 생명
의 피를 찾으리니 짐승이면 그 짐승에
게서, 사람이나 사람의 형제면 그에게
서 그의 생명을 찾으리라

6 다른 사람의 피를 흘리면 그 사람의 피
도 흘릴 것이니 이는 하나님이 자기 형
상대로 사람을 지으셨음이니라

7 너희는 생육하고 번성하며 땅에 가득
하여 그 중에서 번성하라 하셨더라

8 하나님이 노아와 그와 함께 한 아들들
에게 말씀하여 이르시되

9 내가 내 언약을 너희와 너희 후손과

【20 년 월 일】

10 너희와 함께 한 모든 생물 곧 너희와
함께 한 새와 가축과 땅의 모든 생물에
게 세우리니 방주에서 나온 모든 것 곧
땅의 모든 짐승에게니라

11 내가 너희와 언약을 세우리니 다시는
모든 생물을 홍수로 멸하지 아니할 것
이라 땅을 멸할 홍수가 다시 있지 아니
하리라

12 하나님이 이르시되 내가 나와 너희와
및 너희와 함께 하는 모든 생물 사이에
대대로 영원히 세우는 언약의 증거는
이것이니라

13 내가 내 무지개를 구름 속에 두었나니
이것이 나와 세상 사이의 언약의 증거
니라

14 내가 구름으로 땅을 덮을 때에 무지개
가 구름 속에 나타나면

15 내가 나와 너희와 및 육체를 가진 모든
생물 사이의 내 언약을 기억하리니 다
시는 물이 모든 육체를 멸하는 홍수가
되지 아니할지라

16 무지개가 구름 사이에 있으리니 내가
보고 나 하나님과 모든 육체를 가진 땅
의 모든 생물 사이의 영원한 언약을 기
억하리라

17 하나님이 노아에게 또 이르시되 내가
나와 땅에 있는 모든 생물 사이에 세운
언약의 증거가 이것이라 하셨더라

노아와 그 아들들

18 방주에서 나온 노아의 아들들은 셈과
함과 야벳이며 함은 가나안의 아버지라
19 노아의 이 세 아들로부터 사람들이 온
땅에 퍼지니라
20 노아가 농사를 시작하여 포도나무를
심었더니
21 포도주를 마시고 취하여 그 장막 안에
서 벌거벗은지라
22 가나안의 아버지 함이 그의 아버지의
하체를 보고 밖으로 나가서 그의 두 형
제에게 알리매
23 셈과 야벳이 옷을 가져다가 자기들의
어깨에 메고 뒷걸음쳐 들어가서 그들
의 아버지의 하체를 덮었으며 그들이
얼굴을 돌이키고 그들의 아버지의 하
체를 보지 아니하였더라
24 노아가 술이 깨어 그의 작은 아들이 자
기에게 행한 일을 알고
25 이에 이르되 가나안은 저주를 받아 그
의 형제의 종들의 종이 되기를 원하노
라 하고
26 또 이르되 셈의 하나님 여호와를 찬송
하리로다 가나안은 셈의 종이 되고
27 하나님이 야벳을 창대하게 하사 셈의
장막에 거하게 하시고 가나안은 그의
종이 되게 하시기를 원하노라 하였더라

28 홍수 후에 노아가 삼백오십 년을 살았고

29 그의 나이가 구백오십 세가 되어 죽었
더라

노아의 아들들의 족보

10 노아의 아들 셈과 함과 야벳의 족보는
이러하니라 홍수 후에 그들이 아들들
을 낳았으니

2 야벳의 아들은 고멜과 마곡과 마대와
야완과 두발과 메섹과 디라스요

3 고멜의 아들은 아스그나스와 리밧과
도갈마요

4 야완의 아들은 엘리사와 달시스와 깃
딤과 도다님이라

5 이들로부터 여러 나라 백성으로 나뉘
어서 각기 언어와 종족과 나라대로 바
닷가의 땅에 머물렀더라

6 함의 아들은 구스와 미스라임과 붓과
가나안이요

7 구스의 아들은 스바와 하윌라와 삽다
와 라아마와 삽드가요 라아마의 아들
은 스바와 드단이며

8 구스가 또 니므롯을 낳았으니 그는 세
상에 첫 용사라

9 그가 여호와 앞에서 용감한 사냥꾼이
되었으므로 속담에 이르기를 아무는
여호와 앞에 니므롯 같이 용감한 사냥
꾼이로다 하더라

10 그의 나라는 시날 땅의 바벨과 에렉과
악갓과 갈레에서 시작되었으며

11 그가 그 땅에서 앗수르로 나아가 니느
웨와 르호보딜과 갈라와

12 및 니느웨와 갈라 사이의 레센을 건설
하였으니 이는 큰 성읍이라

13 미스라임은 루딤과 아나밈과 르하빔과
납두힘과

14 바드루심과 가슬루힘과 갑도림을 낳았더
라(가슬루힘에게서 블레셋이 나왔더라)

15 가나안은 장자 시돈과 헷을 낳고

16 또 여부스 족속과 아모리 족속과 기르
가스 족속과

17 히위 족속과 알가 족속과 신 족속과

18 아르왓 족속과 스말 족속과 하맛 족속
을 낳았더니 이 후로 가나안 자손의 족
속이 흩어져 나아갔더라

19 가나안의 경계는 시돈에서부터 그랄을
지나 가사까지와 소돔과 고모라와 아
드마와 스보임을 지나 라사까지였더라

20 이들은 함의 자손이라 각기 족속과 언
어와 지방과 나라대로였더라

21 셈은 에벨 온 자손의 조상이요 야벳의
형이라 그에게도 자녀가 출생하였으니

22 셈의 아들은 엘람과 앗수르와 아르박
삿과 룻과 아람이요

23 아람의 아들은 우스와 훌과 게델과 마
스며

24 아르박삿은 셀라를 낳고 셀라는 에벨
을 낳았으며

25 에벨은 두 아들을 낳고 하나의 이름을
벨렉이라 하였으니 그 때에 세상이 나
뉘었음이요 벨렉의 아우의 이름은 욕
단이며

26 욕단은 알모닷과 셀렙과 하살마웻과
예라와

27 하도람과 우살과 디글라와

28 오발과 아비마엘과 스바와

29 오빌과 하윌라와 요밥을 낳았으니 이
들은 다 욕단의 아들이며

30 그들이 거주하는 곳은 메사에서부터
스발로 가는 길의 동쪽 산이었더라

31 이들은 셈의 자손이니 그 족속과 언어
와 지방과 나라대로였더라

32 이들은 그 백성들의 족보에 따르면 노
아 자손의 족속들이요 홍수 후에 이들
에게서 그 땅의 백성들이 나뉘었더라

바벨

11 온 땅의 언어가 하나요 말이 하나였더라

2 이에 그들이 동방으로 옮기다가 시날
평지를 만나 거기 거류하며

3 서로 말하되 자, 벽돌을 만들어 견고
히 굽자 하고 이에 벽돌로 돌을 대신
하며 역청으로 진흙을 대신하고

4 또 말하되 자, 성읍과 탑을 건설하여
그 탑 꼭대기를 하늘에 닿게 하여 우
리 이름을 내고 온 지면에 흩어짐을
면하자 하였더니

5 여호와께서 사람들이 건설하는 그 성
읍과 탑을 보려고 내려오셨더라

6 여호와께서 이르시되 이 무리가 한 족
속이요 언어도 하나이므로 이같이 시
작하였으니 이 후로는 그 하고자 하는
일을 막을 수 없으리로다

7 자, 우리가 내려가서 거기서 그들의 언
어를 혼잡하게 하여 그들이 서로 알아
듣지 못하게 하자 하시고

8 여호와께서 거기서 그들을 온 지면에
흩으셨으므로 그들이 그 도시를 건설
하기를 그쳤더라

9 그러므로 그 이름을 바벨이라 하니 이
는 여호와께서 거기서 온 땅의 언어를
혼잡하게 하셨음이니라 여호와께서 거
기서 그들을 온 지면에 흩으셨더라

셈의 족보

10 셈의 족보는 이러하니라 셈은 백 세 곧
홍수 후 이 년에 아르박삿을 낳았고

11 아르박삿을 낳은 후에 오백 년을 지내
며 자녀를 낳았으며

12 아르박삿은 삼십오 세에 셀라를 낳
았고

13 셀라를 낳은 후에 사백삼 년을 지내며
자녀를 낳았으며

14 셀라는 삼십 세에 에벨을 낳았고

15 에벨을 낳은 후에 사백삼 년을 지내며
자녀를 낳았으며

16 에벨은 삼십사 세에 벨렉을 낳았고

17 벨렉을 낳은 후에 사백삼십 년을 지내
며 자녀를 낳았으며

18 벨렉은 삼십 세에 르우를 낳았고

19 르우를 낳은 후에 이백구 년을 지내며
자녀를 낳았으며

20 르우는 삼십이 세에 스룩을 낳았고

21 스룩을 낳은 후에 이백칠 년을 지내며
자녀를 낳았으며

22 스룩은 삼십 세에 나홀을 낳았고

23 나홀을 낳은 후에 이백 년을 지내며 자
녀를 낳았으며

24 나홀은 이십구 세에 데라를 낳았고

25 데라를 낳은 후에 백십구 년을 지내며
자녀를 낳았으며

26 데라는 칠십 세에 아브람과 나홀과 하
란을 낳았더라

데라의 족보

27 데라의 족보는 이러하니라 데라는 아
브람과 나홀과 하란을 낳고 하란은 롯
을 낳았으며

28 하란은 그 아비 데라보다 먼저 고향 갈
대아인의 우르에서 죽었더라

29 아브람과 나홀이 장가 들었으니 아브
람의 아내의 이름은 사래며 나홀의 아
내의 이름은 밀가니 하란의 딸이요 하
란은 밀가의 아버지이며 또 이스가의
아버지더라

30 사래는 임신하지 못하므로 자식이 없
었더라

31 데라가 그 아들 아브람과 하란의 아들
인 그의 손자 롯과 그의 며느리 아브람
의 아내 사래를 데리고 갈대아인의 우
르를 떠나 가나안 땅으로 가고자 하더
니 하란에 이르러 거기 거류하였으며

32 데라는 나이가 이백오 세가 되어 하란
에서 죽었더라

여호와께서 아브람에게 이르시다

12 여호와께서 아브람에게 이르시되 너는
너의 고향과 친척과 아버지의 집을 떠
나 내가 네게 보여 줄 땅으로 가라

2 내가 너로 큰 민족을 이루고 네게 복
을 주어 네 이름을 창대하게 하리니
너는 복이 될지라

3 너를 축복하는 자에게는 내가 복을 내
리고 너를 저주하는 자에게는 내가 저
주하리니 땅의 모든 족속이 너로 말미
암아 복을 얻을 것이라 하신지라

4 이에 아브람이 여호와의 말씀을 따라
갔고 롯도 그와 함께 갔으며 아브람이
하란을 떠날 때에 칠십오 세였더라

5 아브람이 그의 아내 사래와 조카 롯과
하란에서 모은 모든 소유와 얻은 사람
들을 이끌고 가나안 땅으로 가려고 떠
나서 마침내 가나안 땅에 들어갔더라

6 아브람이 그 땅을 지나 세겜 땅 모레
상수리나무에 이르니 그 때에 가나안
사람이 그 땅에 거주하였더라

7 여호와께서 아브람에게 나타나 이르시
되 내가 이 땅을 네 자손에게 주리라
하신지라 자기에게 나타나신 여호와께
그가 그 곳에서 제단을 쌓고

8 거기서 벧엘 동쪽 산으로 옮겨 장막을
치니 서쪽은 벧엘이요 동쪽은 아이라
그가 그 곳에서 여호와께 제단을 쌓고
여호와의 이름을 부르더니

9 점점 남방으로 옮겨갔더라

아브람이 애굽으로 내려가다

10 그 땅에 기근이 들었으므로 아브람이
애굽에 거류하려고 그리로 내려갔으니
이는 그 땅에 기근이 심하였음이라

11 그가 애굽에 가까이 이르렀을 때에 그

의 아내 사래에게 말하되 내가 알기에
그대는 아리따운 여인이라

12 애굽 사람이 그대를 볼 때에 이르기를
이는 그의 아내라 하여 나는 죽이고 그
대는 살리리니

13 원하건대 그대는 나의 누이라 하라 그
러면 내가 그대로 말미암아 안전하고
내 목숨이 그대로 말미암아 보존되리
라 하니라

14 아브람이 애굽에 이르렀을 때에 애굽
사람들이 그 여인이 심히 아리따움을
보았고

15 바로의 고관들도 그를 보고 바로 앞에
서 칭찬하므로 그 여인을 바로의 궁으
로 이끌어들인지라

16 이에 바로가 그로 말미암아 아브람을
후대하므로 아브람이 양과 소와 노비
와 암수 나귀와 낙타를 얻었더라

17 여호와께서 아브람의 아내 사래의 일로
바로와 그 집에 큰 재앙을 내리신지라

18 바로가 아브람을 불러서 이르되 네가
어찌하여 나에게 이렇게 행하였느냐
네가 어찌하여 그를 네 아내라고 내게
말하지 아니하였느냐

19 네가 어찌 그를 누이라 하여 내가 그를
데려다가 아내를 삼게 하였느냐 네 아
내가 여기 있으니 이제 데려가라 하고

20 바로가 사람들에게 그의 일을 명하매

그들이 그와 함께 그의 아내와 그의 모
든 소유를 보내었더라

아브람과 롯이 서로 떠나다

13 아브람이 애굽에서 그와 그의 아내와
모든 소유와 롯과 함께 네게브로 올라
가니

2 아브람에게 가축과 은과 금이 풍부하
였더라

3 그가 네게브에서부터 길을 떠나 벧엘
에 이르며 벧엘과 아이 사이 곧 전에
장막 쳤던 곳에 이르니

4 그가 처음으로 제단을 쌓은 곳이라 그
가 거기서 여호와의 이름을 불렀더라

5 아브람의 일행 롯도 양과 소와 장막이
있으므로

6 그 땅이 그들이 동거하기에 넉넉하지
못하였으니 이는 그들의 소유가 많아
서 동거할 수 없었음이니라

7 그러므로 아브람의 가축의 목자와 롯
의 가축의 목자가 서로 다투고 또 가나
안 사람과 브리스 사람도 그 땅에 거주
하였는지라

8 아브람이 롯에게 이르되 우리는 한 1)
친족이라 나나 너나 내 목자나 네 목
자나 서로 다투게 하지 말자

9 네 앞에 온 땅이 있지 아니하냐 나를

떠나가라 네가 좌하면 나는 우하고 네
가 우하면 나는 좌하리라

10 이에 롯이 눈을 들어 요단 지역을 바
라본즉 소알까지 온 땅에 물이 넉넉
하니 여호와께서 소돔과 고모라를 멸
하시기 전이었으므로 여호와의 동산
같고 애굽 땅과 같았더라

11 그러므로 롯이 요단 온 지역을 택하고
동으로 옮기니 그들이 서로 떠난지라

12 아브람은 가나안 땅에 거주하였고 롯
은 그 지역의 도시들에 머무르며 그 장
막을 옮겨 소돔까지 이르렀더라

13 소돔 사람은 여호와 앞에 악하며 큰 죄
인이었더라

아브람이 헤브론으로 옮기다

14 롯이 아브람을 떠난 후에 여호와께서
아브람에게 이르시되 너는 눈을 들어
너 있는 곳에서 북쪽과 남쪽 그리고 동
쪽과 서쪽을 바라보라

15 보이는 땅을 내가 너와 네 자손에게 주
리니 영원히 이르리라

16 내가 네 자손이 땅의 티끌 같게 하리니
사람이 땅의 티끌을 능히 셀 수 있을진
대 네 자손도 세리라

17 너는 일어나 그 땅을 종과 횡으로 두루
다녀 보라 내가 그것을 네게 주리라

18 이에 아브람이 장막을 옮겨 헤브론에

있는 마므레 상수리 수풀에 이르러 거
주하며 거기서 여호와를 위하여 제단
을 쌓았더라

아브람이 롯을 구하다

14 당시에 시날 왕 아므라벨과 엘라살 왕
아리옥과 엘람 왕 그돌라오멜과 고임
왕 디달이

2 소돔 왕 베라와 고모라 왕 비르사와
아드마 왕 시납과 스보임 왕 세메벨과
벨라 곧 소알 왕과 싸우니라

3 이들이 다 싯딤 골짜기 곧 지금의 염
해에 모였더라

4 이들이 십이 년 동안 그돌라오멜을 섬
기다가 제십삼년에 배반한지라

5 제십사년에 그돌라오멜과 그와 함께 한
왕들이 나와서 아스드롯 가르나임에서
르바 족속을, 함에서 수스 족속을, 사웨
기랴다임에서 엠 족 속을 치고

6 호리 족속을 그 산 세일에서 쳐서 광야
근방 엘바란까지 이르렀으며

7 그들이 돌이켜 엔미스밧 곧 가데스에
이르러 아말렉 족속의 온 땅과 하사손
다말에 사는 아모리 족속을 친지라

8 소돔 왕과 고모라 왕과 아드마 왕과
스보임 왕과 벨라 곧 소알 왕이 나와
서 싯딤 골짜기에서 그들과 전쟁을 하
기 위하여 진을 쳤더니

9 엘람 왕 그돌라오멜과 고임 왕 디달과
시날 왕 아므라벨과 엘라살 왕 아리옥
네 왕이 곧 그 다섯 왕과 맞서니라

10 싯딤 골짜기에는 역청 구덩이가 많은
지라 소돔 왕과 고모라 왕이 달아날 때
에 그들이 거기 빠지고 그 나머지는 산
으로 도망하매

11 네 왕이 소돔과 고모라의 모든 재물과
양식을 빼앗아 가고

12 소돔에 거주하는 아브람의 조카 롯도
사로잡고 그 재물까지 노략하여 갔더라

13 도망한 자가 와서 히브리 사람 아브람
에게 알리니 그 때에 아브람이 아모리
족속 마므레의 상수리 수풀 근처에 거
주하였더라 마므레는 에스골의 형제요
또 아넬의 형제라 이들은 아브람과 동
맹한 사람들이더라

14 아브람이 그의 조카가 사로잡혔음을
듣고 집에서 길리고 훈련된 자 삼백십
팔 명을 거느리고 단까지 쫓아가서

15 그와 그의 가신들이 나뉘어 밤에 그들
을 쳐부수고 다메섹 왼편 호바까지 쫓
아가

16 모든 빼앗겼던 재물과 자기의 조카 롯
과 그의 재물과 또 부녀와 친척을 다
찾아왔더라

멜기세덱이 아브람에게 축복하다

17 아브람이 그돌라오멜과 그와 함께 한

【20 년 월 일】

왕들을 쳐부수고 돌아올 때에 소돔 왕
이 사웨 골짜기 곧 왕의 골짜기로 나와
그를 영접하였고

18 살렘 왕 멜기세덱이 떡과 포도주를 가
지고 나왔으니 그는 지극히 높으신 하
나님의 제사장이었더라

19 그가 아브람에게 축복하여 이르되 천
지의 주재이시요 지극히 높으신 하나
님이여 아브람에게 복을 주옵소서

20 너희 대적을 네 손에 붙이신 지극히 높
으신 하나님을 찬송할지로다 하매 아
브람이 그 얻은 것에서 십분의 일을 멜
기세덱에게 주었더라

21 소돔 왕이 아브람에게 이르되 사람은
내게 보내고 물품은 네가 가지라

22 아브람이 소돔 왕에게 이르되 천지의
주재이시요 지극히 높으신 하나님 여
호와께 내가 손을 들어 맹세하노니

23 네 말이 내가 아브람으로 치부하게 하
였다 할까 하여 네게 속한 것은 실 한
오라기나 들메끈 한 가닥도 내가 가지
지 아니하리라

24 오직 젊은이들이 먹은 것과 나와 동행
한 아넬과 에스골과 마므레의 분깃을
제할지니 그들이 그 분깃을 가질 것이
니라

여호와께서 아브람과 언약을 세우시다

15 이 후에 여호와의 말씀이 환상 중에 아
브람에게 임하여 이르시되 아브람아
두려워하지 말라 나는 네 방패요 너의
지극히 큰 상급이니라

2 아브람이 이르되 주 여호와여 무엇을
내게 주시려 하나이까 나는 자식이 없
사오니 나의 상속자는 이 다메섹 사람
엘리에셀이니이다

3 아브람이 또 이르되 주께서 내게 씨를
주지 아니하셨으니 내 집에서 길린 자
가 내 상속자가 될 것이니이다

4 여호와의 말씀이 그에게 임하여 이르
시되 그 사람이 네 상속자가 아니라
네 몸에서 날 자가 네 상속자가 되리
라 하시고

5 그를 이끌고 밖으로 나가 이르시되 하
늘을 우러러 뭇별을 셀 수 있나 보라
또 그에게 이르시되 네 자손이 이와 같
으리라

6 아브람이 여호와를 믿으니 여호와께서
이를 그의 의로 여기시고

7 또 그에게 이르시되 나는 이 땅을 네게
주어 소유를 삼게 하려고 너를 갈대아
인의 우르에서 이끌어 낸 여호와니라

8 그가 이르되 주 여호와여 내가 이 땅을
소유로 받을 것을 무엇으로 알리이까

9 여호와께서 그에게 이르시되 나를 위

하여 삼 년 된 암소와 삼 년 된 암염소
와 삼 년 된 숫양과 산비둘기와 집비둘
기 새끼를 가져올지니라

10 아브람이 그 모든 것을 가져다가 그 중
간을 쪼개고 그 쪼갠 것을 마주 대하여
놓고 그 새는 쪼개지 아니하였으며

11 솔개가 그 사체 위에 내릴 때에는 아브
람이 쫓았더라

12 해 질 때에 아브람에게 깊은 잠이 임하
고 큰 흑암과 두려움이 그에게 임하였
더니

13 여호와께서 아브람에게 이르시되 너는
반드시 알라 네 자손이 이방에서 객이
되어 그들을 섬기겠고 그들은 사백 년
동안 네 자손을 괴롭히리니

14 그들이 섬기는 나라를 내가 징벌할지
며 그 후에 네 자손이 큰 재물을 이끌
고 나오리라

15 너는 장수하다가 평안히 조상에게로
돌아가 장사될 것이요

16 네 자손은 사대 만에 이 땅으로 돌아오
리니 이는 아모리 족속의 죄악이 아직
가득 차지 아니함이니라 하시더니

17 해가 져서 어두울 때에 연기 나는 화로
가 보이며 타는 횃불이 쪼갠 고기 사이
로 지나더라

18 그 날에 여호와께서 아브람과 더불어
언약을 세워 이르시되 내가 이 땅을 애

굽 강에서부터 그 큰 강 유브라데까지
네 자손에게 주노니

19 곧 겐 족속과 그니스 족속과 갓몬 족
속과

20 헷 족속과 브리스 족속과 르바 족속과

21 아모리 족속과 가나안 족속과 기르가
스 족속과 여부스 족속의 땅이니라 하
셨더라

하갈과 이스마엘

16 아브람의 아내 사래는 출산하지 못하
였고 그에게 한 여종이 있으니 애굽 사
람이요 이름은 하갈이라

2 사래가 아브람에게 이르되 여호와께서
내 출산을 허락하지 아니하셨으니 원
하건대 내 여종에게 들어가라 내가 혹
그로 말미암아 자녀를 얻을까 하노라
하매 아브람이 사래의 말을 들으니라

3 아브람의 아내 사래가 그 여종 애굽
사람 하갈을 데려다가 그 남편 아브람
에게 첩으로 준 때는 아브람이 가나안
땅에 거주한 지 십 년 후 였더라

4 아브람이 하갈과 동침하였더니 하갈이
임신하매 그가 자기의 임신함을 알고
그의 여주인을 멸시한지라

5 사래가 아브람에게 이르되 내가 받는
모욕은 당신이 받아야 옳도다 내가 나

의 여종을 당신의 품에 두었거늘 그가
자기의 임신함을 알고 나를 멸시하니
당신과 나 사이에 여호와께서 판단하
시기를 원하노라

6 아브람이 사래에게 이르되 당신의 여
종은 당신의 수중에 있으니 당신의 눈
에 좋을 대로 그에게 행하라 하매 사래
가 하갈을 학대하였더니 하갈이 사래
앞에서 도망하였더라

7 여호와의 사자가 광야의 샘물 곁 곧 술
길 샘 곁에서 그를 만나

8 이르되 사래의 여종 하갈아 네가 어디
서 왔으며 어디로 가느냐 그가 이르되
나는 내 여주인 사래를 피하여 도망하
나이다

9 여호와의 사자가 그에게 이르되 네 여
주인에게로 돌아가서 그 수하에 복종
하라

10 여호와의 사자가 또 그에게 이르되 내
가 네 씨를 크게 번성하여 그 수가 많
아 셀 수 없게 하리라

11 여호와의 사자가 또 그에게 이르되 네
가 임신하였은즉 아들을 낳으리니 그
이름을 이스마엘이라 하라 이는 여호
와께서 네 고통을 들으셨음 이니라

12 그가 사람 중에 들나귀 같이 되리니 그
의 손이 모든 사람을 치겠고 모든 사람
의 손이 그를 칠지며 그가 모든 형제와
대항해서 살리라 하니라

13 하갈이 자기에게 이르신 여호와의 이
름을 나를 살피시는 하나님이라 하였
으니 이는 내가 어떻게 여기서 나를 살
피시는 하나님을 뵈었는고 함이라

14 이러므로 그 샘을 브엘라해로이라 불
렀으며 그것은 가데스와 베렛 사이에
있더라 나를 살피시는

15 하갈이 아브람의 아들을 낳으매 아브
람이 하갈이 낳은 그 아들을 이름하여
이스마엘이라 하였더라

16 하갈이 아브람에게 이스마엘을 낳았
을 때에 아브람이 팔십육 세였더라

할례 : 언약의 표징

17 아브람이 구십구 세 때에 여호와께서
아브람에게 나타나서 그에게 이르시되
나는 전능한 하나님이라 너는 내 앞에
서 행하여 완전하라

2 내가 내 언약을 나와 너 사이에 두어 너
를 크게 번성하게 하리라 하시니

3 아브람이 엎드렸더니 하나님이 또 그
에게 말씀하여 이르시되

4 보라 내 언약이 너와 함께 있으니 너
는 여러 민족의 아버지가 될지라

5 이제 후로는 네 이름을 아브람이라 하
지 아니하고 아브라함이라 하리니 이
는 내가 너를 여러 민족의 아버지가 되
게 함이니라

6 내가 너로 심히 번성하게 하리니 내가
네게서 민족들이 나게 하며 왕들이 네
게로부터 나오리라

7 내가 내 언약을 나와 너 및 네 대대 후
손 사이에 세워서 영원한 언약을 삼고
너와 네 후손의 하나님이 되리라

8 내가 너와 네 후손에게 네가 거류하는
이 땅 곧 가나안 온 땅을 주어 영원한
기업이 되게 하고 나는 그들의 하나님
이 되리라

9 하나님이 또 아브라함에게 이르시되
그런즉 너는 내 언약을 지키고 네 후손
도 대대로 지키라

10 너희 중 남자는 다 할례를 받으라 이것
이 나와 너희와 너희 후손 사이에 지킬
내 언약이니라

11 너희는 포피를 베어라 이것이 나와 너
희 사이의 언약의 표징이니라

12 너희의 대대로 모든 남자는 집에서 난
자나 또는 너희 자손이 아니라 이방 사
람에게서 돈으로 산 자를 막론하고 난
지 팔 일 만에 할례를 받을 것이라

13 너희 집에서 난 자든지 너희 돈으로 산
자든지 할례를 받아야 하리니 이에 내
언약이 너희 살에 있어 영원한 언약이
되려니와

14 할례를 받지 아니한 남자 곧 그 포피를
베지 아니한 자는 백성 중에서 끊어지

리니 그가 내 언약을 배반하였음이니라

15 하나님이 또 아브라함에게 이르시되
네 아내 사래는 이름을 사래라 하지 말
고 사라라 하라

16 내가 그에게 복을 주어 그가 네게 아들
을 낳아 주게 하며 내가 그에게 복을
주어 그를 여러 민족의 어머니가 되게
하리니 민족의 여러 왕이 그에게서 나
리라

17 아브라함이 엎드려 웃으며 마음속으로
이르되 백 세 된 사람이 어찌 자식을
낳을까 사라는 구십 세니 어찌 출산하
리요 하고

18 아브라함이 이에 하나님께 아뢰되 이
스마엘이나 하나님 앞에 살기를 원하
나이다

19 하나님이 이르시되 아니라 네 아내 사
라가 네게 아들을 낳으리니 너는 그 이
름을 이삭이라 하라 내가 그와 내 언약
을 세우리니 그의 후손에게 영원한 언
약이 되리라

20 이스마엘에 대하여는 내가 네 말을 들
었나니 내가 그에게 복을 주어 그를 매
우 크게 생육하고 번성하게 할지라 그
가 열두 두령을 낳으리니 내가 그를 큰
나라가 되게 하려니와

21 내 언약은 내가 내년 이 시기에 사라가
네게 낳을 이삭과 세우리라

22 하나님이 아브라함과 말씀을 마치시고
그를 떠나 올라가셨더라

23 이에 아브라함이 하나님이 자기에게
말씀하신 대로 이 날에 그 아들 이스마
엘과 집에서 태어난 모든 자와 돈으로
산 모든 자 곧 아브라함의 집 사람 중
모든 남자를 데려다가 그 포피를 베었
으니

24 아브라함이 그의 포피를 벤 때는 구십
구 세였고

25 그의 아들 이스마엘이 그의 포피를 벤
때는 십삼 세였더라

26 그 날에 아브라함과 그 아들 이스마엘
이 할례를 받았고

27 그 집의 모든 남자 곧 집에서 태어난
자와 돈으로 이방 사람에게서 사온 자
가 다 그와 함께 할례를 받았더라

아브라함이 아들을 약속받다

18 여호와께서 마므레의 상수리나무들이
있는 곳에서 아브라함에게 나타나시니
라 날이 뜨거울 때에 그가 장막 문에
앉아 있다가

2 눈을 들어 본즉 사람 셋이 맞은편에
서 있는지라 그가 그들을 보자 곧 장
막 문에서 달려나가 영접하며 몸을 땅
에 굽혀

3 이르되 내 주여 내가 주께 은혜를 입
었사오면 원하건대 종을 떠나 지나가
지 마시옵고

4 물을 조금 가져오게 하사 당신들의 발
을 씻으시고 나무 아래에서 쉬소서

5 내가 떡을 조금 가져오리니 당신들의
마음을 상쾌하게 하신 후에 지나가소
서 당신들이 종에게 오셨음이니이다
그들이 이르되 네 말대로 그리하라

6 아브라함이 급히 장막으로 가서 사라
에게 이르되 속히 고운 가루 세 스아를
가져다가 반죽하여 떡을 만들라 하고

7 아브라함이 또 가축 떼 있는 곳으로 달
려가서 기름지고 좋은 송아지를 잡아
하인에게 주니 그가 급히 요리한지라

8 아브라함이 엉긴 젖과 우유와 하인이
요리한 송아지를 가져다가 그들 앞에
차려 놓고 나무 아래에 모셔 서매 그
들이 먹으니라

9 그들이 아브라함에게 이르되 네 아내
사라가 어디 있느냐 대답하되 장막에
있나이다

10 그가 이르시되 내년 이맘때 내가 반드
시 네게로 돌아오리니 네 아내 사라에
게 아들이 있으리라 하시니 사라가 그
뒤 장막 문에서 들었더라

11 아브라함과 사라는 나이가 많아 늙었
고 사라에게는 여성의 생리가 끊어졌
는지라

【20 년 월 일】

12 사라가 속으로 웃고 이르되 내가 노쇠
하였고 내 주인도 늙었으니 내게 무슨
즐거움이 있으리요

13 여호와께서 아브라함에게 이르시되 사
라가 왜 웃으며 이르기를 내가 늙었거
늘 어떻게 아들을 낳으리요 하느냐

14 여호와께 능하지 못한 일이 있겠느냐
기한이 이를 때에 내가 네게로 돌아오
리니 사라에게 아들이 있으리라

15 사라가 두려워서 부인하여 이르되 내
가 웃지 아니하였나이다 이르시되 아
니라 네가 웃었느니라

아브라함이 소돔을 위하여 빌다

16 그 사람들이 거기서 일어나서 소돔으
로 향하고 아브라함은 그들을 전송하
러 함께 나가니라

17 여호와께서 이르시되 내가 하려는 것
을 아브라함에게 숨기겠느냐

18 아브라함은 강대한 나라가 되고 천하
만민은 그로 말미암아 복을 받게 될 것
이 아니냐

19 내가 그로 그 자식과 권속에게 명하여
여호와의 도를 지켜 공의와 정의를 행
하게 하려고 그를 택하였나니 이는 나
여호와가 아브라함에게 대하여 말한
일을 이루려 함이니라

20 여호와께서 또 이르시되 소돔과 고모
라에 대한 부르짖음이 크고 그 죄악이

심히 무거우니

21 내가 이제 내려가서 그 모든 행한 것이
과연 내게 들린 부르짖음과 같은지 그
렇지 않은지 내가 보고 알려 하노라

22 그 사람들이 거기서 떠나 소돔으로 향
하여 가고 아브라함은 여호와 앞에 그
대로 섰더니

23 아브라함이 가까이 나아가 이르되 주
께서 의인을 악인과 함께 멸하려 하시
나이까

24 그 성 중에 의인 오십 명이 있을지라도
주께서 그 곳을 멸하시고 그 오십 의인
을 위하여 용서하지 아니하시리이까

25 주께서 이같이 하사 의인을 악인과 함
께 죽이심은 부당하오며 의인과 악인
을 같이 하심도 부당하니이다 세상을
심판하시는 이가 정의를 행하실 것이
아니니이까

26 여호와께서 이르시되 내가 만일 소돔
성읍 가운데에서 의인 오십 명을 찾으면
그들을 위하여 온 지역을 용서하리라

27 아브라함이 대답하여 이르되 나는 티
끌이나 재와 같사오나 감히 주께 아뢰
나이다

28 오십 의인 중에 오 명이 부족하다면 그
오 명이 부족함으로 말미암아 온 성읍
을 멸하시리이까 이르시되 내가 거기서
사십오 명을 찾으면 멸하지 아니하리라

29 아브라함이 또 아뢰어 이르되 거기서
사십 명을 찾으시면 어찌 하려 하시나
이까 이르시되 사십 명으로 말미암아
멸하지 아니하리라

30 아브라함이 이르되 내 주여 노하지 마
시옵고 말씀하게 하옵소서 거기서 삼
십 명을 찾으시면 어찌 하려 하시나이
까 이르시되 내가 거기서 삼십 명을 찾
으면 그리하지 아니하리라

31 아브라함이 또 이르되 내가 감히 내 주
께 아뢰나이다 거기서 이십 명을 찾으
시면 어찌 하려 하시나이까 이르시되
내가 이십 명으로 말미암아 그리하지
아니하리라

32 아브라함이 또 이르되 주는 노하지 마
옵소서 내가 이번만 더 아뢰리이다 거
기서 십 명을 찾으시면 어찌 하려 하시
나이까 이르시되 내가 십 명으로 말미
암아 멸하지 아니하리라

33 여호와께서 아브라함과 말씀을 마치시
고 가시니 아브라함도 자기 곳으로 돌
아갔더라

소돔의 죄악

19 저녁 때에 그 두 천사가 소돔에 이르니
마침 롯이 소돔 성문에 앉아 있다가 그
들을 보고 일어나 영접하고 땅에 엎드
려 절하며

2 이르되 내 주여 돌이켜 종의 집으로 들
어와 발을 씻고 주무시고 일찍이 일어
나 갈 길을 가소서 그들이 이르되 아니
라 우리가 거리에서 밤을 새우리라

3 롯이 간청하매 그제서야 돌이켜 그 집
으로 들어오는지라 롯이 그들을 위하
여 식탁을 베풀고 무교병을 구우니 그
들이 먹으니라

4 그들이 눕기 전에 그 성 사람 곧 소돔
백성들이 노소를 막론하고 원근에서
다 모여 그 집을 에워싸고

5 롯을 부르고 그에게 이르되 오늘 밤에
네게 온 사람들이 어디 있느냐 이끌어
내라 우리가 그들을 상관하리라

6 롯이 문 밖의 무리에게로 나가서 뒤로
문을 닫고

7 이르되 청하노니 내 형제들아 이런 악
을 행하지 말라

8 내게 남자를 가까이 하지 아니한 두
딸이 있노라 청하건대 내가 그들을 너
희에게로 이끌어 내리니 너희 눈에 좋
을 대로 그들에게 행하고 이 사람들은
내 집에 들어왔은즉 이 사람들에게는
아무 일도 저지르지 말라

9 그들이 이르되 너는 물러나라 또 이르
되 이 자가 들어와서 거류하면서 우리
의 법관이 되려 하는도다 이제 우리가
그들보다 너를 더 해하리라 하고 롯을

밀치며 가까이 가서 그 문을 부수려고
하는지라

10 그 사람들이 손을 내밀어 롯을 집으로
끌어들이고 문을 닫고

11 문 밖의 무리를 대소를 막론하고 그 눈
을 어둡게 하니 그들이 문을 찾느라고
헤매었더라

롯이 소돔을 떠나다

12 그 사람들이 롯에게 이르되 이 외에 네
게 속한 자가 또 있느냐 네 사위나 자
녀나 성 중에 네게 속한 자들을 다 성
밖으로 이끌어 내라

13 그들에 대한 부르짖음이 여호와 앞에
크므로 여호와께서 이 곳을 멸하시려고
우리를 보내셨나니 우리가 멸하리라

14 롯이 나가서 그 딸들과 결혼할 사위들
에게 말하여 이르기를 여호와께서 이
성을 멸하실 터이니 너희는 일어나 이
곳에서 떠나라 하되 그의 사위들은 농
담으로 여겼더라

15 동틀 때에 천사가 롯을 재촉하여 이르
되 일어나 여기 있는 네 아내와 두 딸
을 이끌어 내라 이 성의 죄악 중에 함
께 멸망할까 하노라

16 그러나 롯이 지체하매 그 사람들이 롯
의 손과 그 아내의 손과 두 딸의 손을
잡아 인도하여 성 밖에 두니 여호와께
서 그에게 자비를 더하심이었더라

17 그 사람들이 그들을 밖으로 이끌어 낸
후에 이르되 도망하여 생명을 보존하
라 돌아보거나 들에 머물지 말고 산으
로 도망하여 멸망함을 면하라

18 롯이 그들에게 이르되 내 주여 그리 마
옵소서

19 주의 종이 주께 은혜를 입었고 주께서
큰 인자를 내게 베푸사 내 생명을 구원
하시오나 내가 도망하여 산에까지 갈
수 없나이다 두렵건대 재앙을 만나 죽
을까 하나이다

20 보소서 저 성읍은 도망하기에 가깝고
작기도 하오니 나를 그 곳으로 도망하
게 하소서 이는 작은 성읍이 아니니이
까 내 생명이 보존되리이다

21 그가 그에게 이르되 내가 이 일에도 네
소원을 들었은즉 네가 말하는 그 성읍
을 멸하지 아니하리니

22 그리로 속히 도망하라 네가 거기 이르
기까지는 내가 아무 일도 행할 수 없노
라 하였더라 그러므로 그 성읍 이름을
소알이라 불렀더라

소돔과 고모라를 멸하시다

23 롯이 소알에 들어갈 때에 해가 돋았더라

24 여호와께서 하늘 곧 여호와께로부터
유황과 불을 소돔과 고모라에 비같이
내리사

25 그 성들과 온 들과 성에 거주하는 모

든 백성과 땅에 난 것을 다 엎어 멸하
셨더라

26 롯의 아내는 뒤를 돌아보았으므로 소
금 기둥이 되었더라

27 아브라함이 그 아침에 일찍이 일어나
여호와 앞에 서 있던 곳에 이르러

28 소돔과 고모라와 그 온 지역을 향하여
눈을 들어 연기가 옹기 가마의 연기같
이 치솟음을 보았더라

29 하나님이 그 지역의 성을 멸하실 때 곧
롯이 거주하는 성을 엎으실 때에 하나
님이 아브라함을 생각하사 롯을 그 엎
으시는 중에서 내보내셨더라

모압과 암몬 자손의 조상

30 롯이 소알에 거주하기를 두려워하여
두 딸과 함께 소알에서 나와 산에 올라
가 거주하되 그 두 딸과 함께 굴에 거
주하였더니

31 큰 딸이 작은 딸에게 이르되 우리 아버지
는 늙으셨고 온 세상의 도리를 따라 우
리의 배필 될 사람이 이 땅에는 없으니

32 우리가 우리 아버지에게 술을 마시게
하고 동침하여 우리 아버지로 말미암
아 후손을 이어가자 하고

33 그 밤에 그들이 아버지에게 술을 마시게
하고 큰 딸이 들어가서 그 아버지와 동
침하니라 그러나 그 아버지는 그 딸이
눕고 일어나는 것을 깨닫지 못하였더라

34 이튿날 큰 딸이 작은 딸에게 이르되 어
제 밤에는 내가 우리 아버지와 동침하
였으니 오늘 밤에도 우리가 아버지에
게 술을 마시게 하고 네가 들어가 동침
하고 우리가 아버지로 말미암아 후손
을 이어가자 하고

35 그 밤에도 그들이 아버지에게 술을 마
시게 하고 작은 딸이 일어나 아버지와
동침하니라 그러나 아버지는 그 딸이
눕고 일어나는 것을 깨닫지 못하였더라

36 롯의 두 딸이 아버지로 말미암아 임신
하고

37 큰 딸은 아들을 낳아 이름을 모압이라
하였으니 오늘날 모압의 조상이요

38 작은 딸도 아들을 낳아 이름을 벤암미
라 하였으니 오늘날 암몬 자손의 조상
이었더라

아브라함과 아비멜렉

20 아브라함이 거기서 네게브 땅으로 옮겨
가 가데스와 술 사이 그랄에 거류하며

2 그의 아내 사라를 자기 누이라 하였으
므로 그랄 왕 아비멜렉이 사람을 보내
어 사라를 데려갔더니

3 그 밤에 하나님이 아비멜렉에게 현몽
하시고 그에게 이르시되 네가 데려간
이 여인으로 말미암아 네가 죽으리니
그는 남편이 있는 여자임이라

4 아비멜렉이 그 여인을 가까이 하지 아
니하였으므로 그가 대답하되 주여 주
께서 의로운 백성도 멸하시나이까

5 그가 나에게 이는 내 누이라고 하지 아
니하였나이까 그 여인도 그는 내 오라
비라 하였사오니 나는 온전한 마음과
깨끗한 손으로 이렇게 하였나이다

6 하나님이 꿈에 또 그에게 이르시되 네
가 온전한 마음으로 이렇게 한 줄을 나
도 알았으므로 너를 막아 내게 범죄하
지 아니하게 하였나니 여인에게 가까
이 하지 못하게 함이 이 때문이니라

7 이제 그 사람의 아내를 돌려보내라 그
는 선지자라 그가 너를 위하여 기도하
리니 네가 살려니와 네가 돌려보내지
아니하면 너와 네게 속한 자가 다 반드
시 죽을 줄 알지니라

8 아비멜렉이 그 날 아침에 일찍이 일어
나 모든 종들을 불러 그 모든 일을 말
하여 들려 주니 그들이 심히 두려워하
였더라

9 아비멜렉이 아브라함을 불러서 그에게
이르되 네가 어찌하여 우리에게 이렇
게 하느냐 내가 무슨 죄를 네게 범하였
기에 네가 나와 내 나라가 큰 죄에 빠
질 뻔하게 하였느냐 네가 합당하지 아
니한 일을 내게 행하였도다 하고

10 아비멜렉이 또 아브라함에게 이르되
네가 무슨 뜻으로 이렇게 하였느냐

11 아브라함이 이르되 이 곳에서는 하나
님을 두려워함이 없으니 내 아내로 말
미암아 사람들이 나를 죽일까 생각하
였음이요

12 또 그는 정말로 나의 이복 누이로서 내
아내가 되었음이니라

13 하나님이 나를 내 아버지의 집을 떠나
두루 다니게 하실 때에 내가 아내에게
말하기를 이 후로 우리의 가는 곳마다
그대는 나를 그대의 오라비라 하라 이
것이 그대가 내게 베풀 은혜라 하였었
노라

14 아비멜렉이 양과 소와 종들을 이끌어
아브라함에게 주고 그의 아내 사라도
그에게 돌려보내고

15 아브라함에게 이르되 내 땅이 네 앞에
있으니 네가 보기에 좋은 대로 거주하
라 하고

16 사라에게 이르되 내가 은 천 개를 네
오라비에게 주어서 그것으로 너와 함
께 한 여러 사람 앞에서 네 수치를 가
리게 하였노니 네 일이 다 해결되었느
니라

17 아브라함이 하나님께 기도하매 하나님
이 아비멜렉과 그의 아내와 여종을 치
료하사 출산하게 하셨으니

18 여호와께서 이왕에 아브라함의 아내
사라의 일로 아비멜렉의 집의 모든 태
를 닫으셨음이더라

사라가 이삭을 낳다

21 여호와께서 말씀하신 대로 사라를 돌
보셨고 여호와께서 말씀하신 대로 사
라에게 행하셨으므로

2 사라가 임신하고 하나님이 말씀하신
시기가 되어 노년의 아브라함에게 아
들을 낳으니

3 아브라함이 그에게 태어난 아들 곧 사
라가 자기에게 낳은 아들을 이름하여
이삭이라 하였고

4 그 아들 이삭이 난 지 팔 일 만에 그가
하나님이 명령하신 대로 할례를 행하
였더라

5 아브라함이 그의 아들 이삭이 그에게
태어날 때에 백 세라

6 사라가 이르되 하나님이 나를 웃게 하시
니 듣는 자가 다 나와 함께 웃으리로다

7 또 이르되 사라가 자식들을 젖먹이겠
다고 누가 아브라함에게 말하였으리요
마는 아브라함의 노경에 내가 아들을
낳았도다 하니라

하갈과 이스마엘을 내쫓다

8 아이가 자라매 젖을 떼고 이삭이 젖을
떼는 날에 아브라함이 큰 잔치를 베풀
었더라

9 사라가 본즉 아브라함의 아들 애굽 여
인 하갈의 아들이 이삭을 놀리는지라

10 그가 아브라함에게 이르되 이 여종과
그 아들을 내쫓으라 이 종의 아들은 내
아들 이삭과 함께 기업을 얻지 못하리
라 하므로

11 아브라함이 그의 아들로 말미암아 그
일이 매우 근심이 되었더니

12 하나님이 아브라함에게 이르시되 네
아이나 네 여종으로 말미암아 근심하
지 말고 사라가 네게 이른 말을 다 들
으라 이삭에게서 나는 자라야 네 씨라
부를 것임이니라

13 그러나 여종의 아들도 네 씨니 내가 그
로 한 민족을 이루게 하리라 하신지라

14 아브라함이 아침에 일찍이 일어나 떡
과 물 한 가죽부대를 가져다가 하갈의
어깨에 메워 주고 그 아이를 데리고 가
게 하니 하갈이 나가서 브엘세바 광야
에서 방황하더니

15 가죽부대의 물이 떨어진지라 그 자식
을 관목덤불 아래에 두고

16 이르되 아이가 죽는 것을 차마 보지 못
하겠다 하고 화살 한 바탕 거리 떨어져
마주 앉아 바라보며 소리 내어 우니

17 하나님이 그 어린 아이의 소리를 들으
셨으므로 하나님의 사자가 하늘에서부
터 하갈을 불러 이르시되 하갈아 무슨
일이냐 두려워하지 말라 하나님이 저
기 있는 아이의 소리를 들으셨나니

【 20 년 월 일 】

18 일어나 아이를 일으켜 네 손으로 붙들
라 그가 큰 민족을 이루게 하리라 하시
니라

19 하나님이 하갈의 눈을 밝히셨으므로
샘물을 보고 가서 가죽부대에 물을 채
워다가 그 아이에게 마시게 하였더라

20 하나님이 그 아이와 함께 계시매 그가
장성하여 광야에서 거주하며 활 쏘는
자가 되었더니

21 그가 바란 광야에 거주할 때에 그의 어
머니가 그를 위하여 애굽 땅에서 아내
를 얻어 주었더라

아브라함과 아비멜렉의 언약

22 그 때에 아비멜렉과 그 군대 장관 비골
이 아브라함에게 말하여 이르되 네가
무슨 일을 하든지 하나님이 너와 함께
계시도다

23 그런즉 너는 나와 내 아들과 내 손자에
게 거짓되이 행하지 아니하기를 이제
여기서 하나님을 가리켜 내게 맹세하
라 내가 네게 후대한 대로 너도 나와
네가 머무는 이 땅에서 행하여 보이라

24 아브라함이 이르되 내가 맹세하리라
하고

25 아비멜렉의 종들이 아브라함의 우물을
빼앗은 일에 관하여 아브라함이 아비
멜렉을 책망하매

26 아비멜렉이 이르되 누가 그리하였는지

내가 알지 못하노라 너도 내게 알리지
아니하였고 나도 듣지 못하였더니 오
늘에야 들었노라

27 아브라함이 양과 소를 가져다가 아비
멜렉에게 주고 두 사람이 서로 언약을
세우니라

28 아브라함이 일곱 암양 새끼를 따로 놓
으니

29 아비멜렉이 아브라함에게 이르되 이 일
곱 암양 새끼를 따로 놓음은 어찜이냐

30 아브라함이 이르되 너는 내 손에서 이
암양 새끼 일곱을 받아 내가 이 우물
판 증거를 삼으라 하고

31 두 사람이 거기서 서로 맹세하였으므
로 그 곳을 브엘세바라 이름하였더라

32 그들이 브엘세바에서 언약을 세우매
아비멜렉과 그 군대 장관 비골은 떠나
블레셋 사람의 땅으로 돌아갔고

33 아브라함은 브엘세바에 에셀 나무를
심고 거기서 영원하신 여호와의 이름
을 불렀으며

34 그가 블레셋 사람의 땅에서 여러 날을
지냈더라

이삭을 번제로 드리라 하시다

22 그 일 후에 하나님이 아브라함을 시험
하시려고 그를 부르시되 아브라함아 하
시니 그가 이르되 내가 여기 있나이다

2 여호와께서 이르시되 네 아들 네 사랑
하는 독자 이삭을 데리고 모리아 땅으
로 가서 내가 네게 일러 준 한 산 거기
서 그를 번제로 드리라

3 아브라함이 아침에 일찍이 일어나 나
귀에 안장을 지우고 두 종과 그의 아
들 이삭을 데리고 번제에 쓸 나무를
쪼개어 가지고 떠나 하나님이 자기에
게 일러 주신 곳으로 가더니

4 제삼일에 아브라함이 눈을 들어 그 곳
을 멀리 바라본지라

5 이에 아브라함이 종들에게 이르되 너
희는 나귀와 함께 여기서 기다리라 내
가 아이와 함께 저기 가서 예배하고 우
리가 너희에게로 돌아오리라 하고

6 아브라함이 이에 번제 나무를 가져다
가 그의 아들 이삭에게 지우고 자기는
불과 칼을 손에 들고 두 사람이 동행하
더니

7 이삭이 그 아버지 아브라함에게 말하
여 이르되 내 아버지여 하니 그가 이르
되 내 아들아 내가 여기 있노라 이삭이
이르되 불과 나무는 있거니와 번제할
어린 양은 어디 있나이까

8 아브라함이 이르되 내 아들아 번제할
어린 양은 하나님이 자기를 위하여 친
히 준비하시리라 하고 두 사람이 함께
나아가서

9 하나님이 그에게 일러 주신 곳에 이른

지라 이에 아브라함이 그 곳에 제단을
쌓고 나무를 벌여 놓고 그의 아들 이삭
을 결박하여 제단 나무 위에 놓고

10 손을 내밀어 칼을 잡고 그 아들을 잡으
려 하니

11 여호와의 사자가 하늘에서부터 그를
불러 이르시되 아브라함아 아브라함아
하시는지라 아브라함이 이르되 내가
여기 있나이다 하매

12 사자가 이르시되 그 아이에게 네 손을
대지 말라 그에게 아무 일도 하지 말라
네가 네 아들 네 독자까지도 내게 아끼
지 아니하였으니 내가 이제야 네가 하
나님을 경외하는 줄을 아노라

13 아브라함이 눈을 들어 살펴본즉 한 숫
양이 뒤에 있는데 뿔이 수풀에 걸려 있
는지라 아브라함이 가서 그 숫양을 가
져다가 아들을 대신하여 번제로 드렸
더라

14 아브라함이 그 땅 이름을 여호와 이레
라 하였으므로 오늘날까지 사람들이
이르기를 여호와의 산에서 준비되리라
하더라

15 여호와의 사자가 하늘에서부터 두 번
째 아브라함을 불러

16 이르시되 여호와께서 이르시기를 내가
나를 가리켜 맹세하노니 네가 이같이
행하여 네 아들 네 독자도 아끼지 아니
하였은즉

17 내가 네게 큰 복을 주고 네 씨가 크게
번성하여 하늘의 별과 같고 바닷가의
모래와 같게 하리니 네 씨가 그 대적의
성문을 차지하리라

18 또 네 씨로 말미암아 천하 만민이 복을
받으리니 이는 네가 나의 말을 준행하
였음이니라 하셨다 하니라

19 이에 아브라함이 그의 종들에게로 돌
아가서 함께 떠나 브엘세바에 이르러
거기 거주하였더라

나홀의 후예

20 이 일 후에 어떤 사람이 아브라함에게
알리어 이르기를 밀가가 당신의 형제
나홀에게 자녀를 낳았다 하였더라

21 그의 맏아들은 우스요 우스의 형제는
부스와 아람의 아버지 그므엘과

22 게셋과 하소와 빌다스와 이들랍과 브
두엘이라

23 이 여덟 사람은 아브라함의 형제 나홀
의 아내 밀가의 소생이며 브두엘은 리
브가를 낳았고

24 나홀의 첩 르우마라 하는 자도 데바와
가함과 다하스와 마아가를 낳았더라

아브라함이 막벨라 굴을 사다

23 사라가 백이십칠 세를 살았으니 이것
이 곧 사라가 누린 햇수라

2 사라가 가나안 땅 헤브론 곧 기럇아르
바에서 죽으매 아브라함이 들어가서
사라를 위하여 슬퍼하며 애통하다가

3 그 시신 앞에서 일어나 나가서 헷 족
속에게 말하여 이르되

4 나는 당신들 중에 나그네요 거류하는
자이니 당신들 중에서 내게 매장할 소
유지를 주어 내가 나의 죽은 자를 내
앞에서 내어다가 장사하게 하시오

5 헷 족속이 아브라함에게 대답하여 이
르되

6 내 주여 들으소서 당신은 우리 가운데
있는 하나님이 세우신 지도자이시니
우리 묘실 중에서 좋은 것을 택하여 당
신의 죽은 자를 장사하소서 우리 중에
서 자기 묘실에 당신의 죽은 자 장사함
을 금할 자가 없으리이다

7 아브라함이 일어나 그 땅 주민 헷 족속
을 향하여 몸을 굽히고

8 그들에게 말하여 이르되 나로 나의 죽
은 자를 내 앞에서 내어다가 장사하게
하는 일이 당신들의 뜻일진대 내 말을
듣고 나를 위하여 소할의 아들 에브론
에게 구하여

9 그가 그의 밭머리에 있는 그의 막벨라
굴을 내게 주도록 하되 충분한 대가를
받고 그 굴을 내게 주어 당신들 중에서
매장할 소유지가 되게 하기를 원하노
라 하매

10 에브론이 헷 족속 중에 앉아 있더니 그
가 헷 족속 곧 성문에 들어온 모든 자
가 듣는 데서 아브라함에게 대답하여
이르되

11 내 주여 그리 마시고 내 말을 들으소서
내가 그 밭을 당신에게 드리고 그 속의
굴도 내가 당신에게 드리되 내가 내 동
족 앞에서 당신에게 드리오니 당신의
죽은 자를 장사하소서

12 아브라함이 이에 그 땅의 백성 앞에서
몸을 굽히고

13 그 땅의 백성이 듣는 데서 에브론에게
말하여 이르되 당신이 합당히 여기면
청하건대 내 말을 들으시오 내가 그 밭
값을 당신에게 주리니 당신은 내게서
받으시오 내가 나의 죽은 자를 거기 장
사하겠노라

14 에브론이 아브라함에게 대답하여 이
르되

15 내 주여 내 말을 들으소서 땅 값은 은
사백 세겔이나 그것이 나와 당신 사이
에 무슨 문제가 되리이까 당신의 죽은
자를 장사하소서

16 아브라함이 에브론의 말을 따라 에브
론이 헷 족속이 듣는 데서 말한 대로
상인이 통용하는 은 사백 세겔을 달아
에브론에게 주었더니

17 마므레 앞 막벨라에 있는 에브론의 밭
곧 그 밭과 거기에 속한 굴과 그 밭과

그 주위에 둘린 모든 나무가

18 성 문에 들어온 모든 헷 족속이 보는
데서 아브라함의 소유로 확정된지라

19 그 후에 아브라함이 그 아내 사라를 가
나안 땅 마므레 앞 막벨라 밭 굴에 장
사하였더라 (마므레는 곧 헤브론이라)

20 이와 같이 그 밭과 거기에 속한 굴이
헷 족속으로부터 아브라함이 매장할
소유지로 확정되었더라

이삭이 리브가를 아내로 삼다

24 아브라함이 나이가 많아 늙었고 여호
와께서 그에게 범사에 복을 주셨더라

2 아브라함이 자기 집 모든 소유를 맡은
늙은 종에게 이르되 청하건대 내 허벅
지 밑에 네 손을 넣으라

3 내가 너에게 하늘의 하나님, 땅의 하
나님이신 여호와를 가리켜 맹세하게
하노니 너는 내가 거주하는 이 지방
가나안 족속의 딸 중에서 내 아들을
위하여 아내를 택하지 말고

4 내 고향 내 족속에게로 가서 내 아들
이삭을 위하여 아내를 택하라

5 종이 이르되 여자가 나를 따라 이 땅으
로 오려고 하지 아니하거든 내가 주인
의 아들을 주인이 나오신 땅으로 인도
하여 돌아가리이까

6 아브라함이 그에게 이르되 내 아들을
그리로 데리고 돌아가지 아니하도록
하라

7 하늘의 하나님 여호와께서 나를 내 아
버지의 집과 내 고향 땅에서 떠나게 하
시고 내게 말씀하시며 내게 맹세하여
이르시기를 이 땅을 네 씨에게 주리라
하셨으니 그가 그 사자를 너보다 앞서
보내실지라 네가 거기서 내 아들을 위
하여 아내를 택할지니라

8 만일 여자가 너를 따라 오려고 하지
아니하면 나의 이 맹세가 너와 상관이
없나니 오직 내 아들을 데리고 그리로
가지 말지니라

9 그 종이 이에 그의 주인 아브라함의 허
벅지 아래에 손을 넣고 이 일에 대하여
그에게 맹세하였더라

10 이에 종이 그 주인의 낙타 중 열 필을
끌고 떠났는데 곧 그의 주인의 모든
좋은 것을 가지고 떠나 메소보다미아
로 가서 나홀의 성에 이르러

11 그 낙타를 성 밖 우물 곁에 꿇렸으니
저녁 때라 여인들이 물을 길으러 나올
때였더라

12 그가 이르되 우리 주인 아브라함의 하
나님 여호와여 원하건대 오늘 나에게
순조롭게 만나게 하사 내 주인 아브라
함에게 은혜를 베푸시옵소서

13 성 중 사람의 딸들이 물 길으러 나오겠
사오니 내가 우물 곁에 서 있다가

14 한 소녀에게 이르기를 청하건대 너는
물동이를 기울여 나로 마시게 하라 하
리니 그의 대답이 마시라 내가 당신의
낙타에게도 마시게 하리라 하면 그는
주께서 주의 종 이삭을 위하여 정하신
자라 이로 말미암아 주께서 내 주인에
게 은혜 베푸심을 내가 알겠나이다

15 말을 마치기도 전에 리브가가 물동이
를 어깨에 메고 나오니 그는 아브라함
의 동생 나홀의 아내 밀가의 아들 브두
엘의 소생이라

16 그 소녀는 보기에 심히 아리땁고 지금
까지 남자가 가까이 하지 아니한 처녀
더라 그가 우물로 내려가서 물을 그 물
동이에 채워가지고 올라오는지라

17 종이 마주 달려가서 이르되 청하건대 네
물동이의 물을 내게 조금 마시게 하라

18 그가 이르되 내 주여 마시소서 하며 급
히 그 물동이를 손에 내려 마시게 하고

19 마시게 하기를 다하고 이르되 당신의
낙타를 위하여서도 물을 길어 그것들
도 배불리 마시게 하리이다 하고

20 급히 물동이의 물을 구유에 붓고 다시
길으려고 우물로 달려가서 모든 낙타
를 위하여 긷는지라

21 그 사람이 그를 묵묵히 주목하며 여호
와께서 과연 평탄한 길을 주신 여부를
알고자 하더니

22 낙타가 마시기를 다하매 그가 반 세겔
무게의 금 코걸이 한 개와 열 세겔 무
게의 금 손목고리 한 쌍을 그에게 주며

23 이르되 네가 누구의 딸이냐 청하건대
내게 말하라 네 아버지의 집에 우리가
유숙할 곳이 있느냐

24 그 여자가 그에게 이르되 나는 밀가가
나홀에게서 낳은 아들 브두엘의 딸이
니이다

25 또 이르되 우리에게 짚과 사료가 족하
며 유숙할 곳도 있나이다

26 이에 그 사람이 머리를 숙여 여호와께
경배하고

27 이르되 나의 주인 아브라함의 하나님
여호와를 찬송하나이다 나의 주인에게
주의 사랑과 성실을 그치지 아니하셨
사오며 여호와께서 길에서 나를 인도
하사 내 주인의 동생 집에 이르게 하셨
나이다 하니라

28 소녀가 달려가서 이 일을 어머니 집에
알렸더니

29 리브가에게 오라버니가 있어 그의 이
름은 라반이라 그가 우물로 달려가 그
사람에게 이르러

30 그의 누이의 코걸이와 그 손의 손목고
리를 보고 또 그의 누이 리브가가 그
사람이 자기에게 이같이 말하더라 함
을 듣고 그 사람에게로 나아감이라 그
때에 그가 우물가 낙타 곁에 서 있더라

31 라반이 이르되 여호와께 복을 받은 자
여 들어오소서 어찌 밖에 서 있나이까
내가 방과 낙타의 처소를 준비하였나
이다

32 그 사람이 그 집으로 들어가매 라반이
낙타의 짐을 부리고 짚과 사료를 낙타
에게 주고 그 사람의 발과 그의 동행자
들의 발 씻을 물을 주고

33 그 앞에 음식을 베푸니 그 사람이 이
르되 내가 내 일을 진술하기 전에는
먹지 아니하겠나이다 라반이 이르되
말하소서

34 그가 이르되 나는 아브라함의 종이니
이다

35 여호와께서 나의 주인에게 크게 복을
주시어 창성하게 하시되 소와 양과 은
금과 종들과 낙타와 나귀를 그에게 주
셨고

36 나의 주인의 아내 사라가 노년에 나의
주인에게 아들을 낳으매 주인이 그의
모든 소유를 그 아들에게 주었나이다

37 나의 주인이 나에게 맹세하게 하여 이
르되 너는 내 아들을 위하여 내가 사는

땅 가나안 족속의 딸들 중에서 아내를
택하지 말고

38 내 아버지의 집, 내 족속에게로 가서
내 아들을 위하여 아내를 택하라 하시
기로

39 내가 내 주인에게 여쭈되 혹 여자가 나
를 따르지 아니하면 어찌하리이까 한즉

40 주인이 내게 이르되 내가 섬기는 여호
와께서 그의 사자를 너와 함께 보내어
네게 평탄한 길을 주시리니 너는 내
족속 중 내 아버지 집에서 내 아들을
위하여 아내를 택할 것이니라

41 네가 내 족속에게 이를 때에는 네가 내
맹세와 상관이 없으리라 만일 그들이
네게 주지 아니할지라도 네가 내 맹세
와 상관이 없으리라 하시기로

42 내가 오늘 우물에 이르러 말하기를 내
주인 아브라함의 하나님 여호와여 만일
내가 행하는 길에 형통함을 주실진대

43 내가 이 우물 곁에 서 있다가 젊은 여
자가 물을 길으러 오거든 내가 그에게
청하기를 너는 물동이의 물을 내게 조
금 마시게 하라 하여

44 그의 대답이 당신은 마시라 내가 또
당신의 낙타를 위하여도 길으리라 하
면 그 여자는 여호와께서 내 주인의
아들을 위하여 정하여 주신 자가 되리
이다 하며

45 내가 마음속으로 말하기를 마치기도
전에 리브가가 물동이를 어깨에 메고
나와서 우물로 내려와 긷기로 내가 그
에게 이르기를 청하건대 내게 마시게
하라 한즉

46 그가 급히 물동이를 어깨에서 내리며
이르되 마시라 내가 당신의 낙타에게
도 마시게 하리라 하기로 내가 마시매
그가 또 낙타에게도 마시게 한지라

47 내가 그에게 묻기를 네가 뉘 딸이냐
한즉 이르되 밀가가 나홀에게서 낳은
브두엘의 딸이라 하기로 내가 코걸이
를 그 코에 꿰고 손목고리를 그 손에
끼우고

48 내 주인 아브라함의 하나님 여호와께
서 나를 바른 길로 인도하사 나의 주인
의 동생의 딸을 그의 아들을 위하여 택
하게 하셨으므로 내가 머리를 숙여 그
에게 경배하고 찬송하였나이다

49 이제 당신들이 인자함과 진실함으로
내 주인을 대접하려거든 내게 알게 해
주시고 그렇지 아니할지라도 내게 알
게 해 주셔서 내가 우로든지 좌로든지
행하게 하소서

50 라반과 브두엘이 대답하여 이르되 이
일이 여호와께로 말미암았으니 우리는
가부를 말할 수 없노라

51 리브가가 당신 앞에 있으니 데리고 가
서 여호와의 명령대로 그를 당신의 주
인의 아들의 아내가 되게 하라

52 아브라함의 종이 그들의 말을 듣고 땅
에 엎드려 여호와께 절하고

53 은금 패물과 의복을 꺼내어 리브가에
게 주고 그의 오라버니와 어머니에게
도 보물을 주니라

54 이에 그들 곧 종과 동행자들이 먹고 마
시고 유숙하고 아침에 일어나서 그가
이르되 나를 보내어 내 주인에게로 돌
아가게 하소서

55 리브가의 오라버니와 그의 어머니가
이르되 이 아이로 하여금 며칠 또는 열
흘을 우리와 함께 머물게 하라 그 후에
그가 갈 것이니라

56 그 사람이 그들에게 이르되 나를 만류
하지 마소서 여호와께서 내게 형통한
길을 주셨으니 나를 보내어 내 주인에
게로 돌아가게 하소서

57 그들이 이르되 우리가 소녀를 불러 그
에게 물으리라 하고

58 리브가를 불러 그에게 이르되 네가 이
사람과 함께 가려느냐 그가 대답하되
가겠나이다

59 그들이 그 누이 리브가와 그의 유모와
아브라함의 종과 그 동행자들을 보내며

60 리브가에게 축복하여 이르되 우리 누
이여 너는 천만인의 어머니가 될지어
다 네 씨로 그 원수의 성 문을 얻게 할
지어다

61 리브가가 일어나 여자 종들과 함께 낙
타를 타고 그 사람을 따라가니 그 종이
리브가를 데리고 가니라

62 그 때에 이삭이 브엘라해로이에서 왔
으니 그가 네게브 지역에 거주하였음
이라

63 이삭이 저물 때에 들에 나가 묵상하다
가 눈을 들어 보매 낙타들이 오는지라

64 리브가가 눈을 들어 이삭을 바라보고
낙타에서 내려

65 종에게 말하되 들에서 배회하다가 우
리에게로 마주 오는 자가 누구냐 종이
이르되 이는 내 주인이니이다 리브가
가 너울을 가지고 자기의 얼굴을 가리
더라

66 종이 그 행한 일을 다 이삭에게 아뢰매

67 이삭이 리브가를 인도하여 그의 어머
니 사라의 장막으로 들이고 그를 맞이
하여 아내로 삼고 사랑하였으니 이삭
이 그의 어머니를 장례한 후에 위로를
얻었더라

아브라함이 죽다

25 아브라함이 후처를 맞이하였으니 그의
이름은 그두라라
2 그가 시므란과 욕산과 므단과 미디안
과 이스박과 수아를 낳고
3 욕산은 스바와 드단을 낳았으며 드단
의 자손은 앗수르 족속과 르두시 족속
과 르움미 족속이며
4 미디안의 아들은 에바와 에벨과 하녹
과 아비다와 엘다아이니 다 그두라의
자손이었더라
5 아브라함이 이삭에게 자기의 모든 소
유를 주었고
6 자기 서자들에게도 재산을 주어 자기
생전에 그들로 하여금 자기 아들 이삭
을 떠나 동방 곧 동쪽 땅으로 가게 하
였더라
7 아브라함의 향년이 백칠십오 세라
8 그의 나이가 높고 늙어서 기운이 다하
여 죽어 자기 열조에게로 돌아가매
9 그의 아들들인 이삭과 이스마엘이 그를
마므레 앞 헷 족속 소할의 아들 에브론
의 밭에 있는 막벨라 굴에 장사하였으니
10 이것은 아브라함이 헷 족속에게서 산
밭이라 아브라함과 그의 아내 사라가
거기 장사되니라
11 아브라함이 죽은 후에 하나님이 그의

아들 이삭에게 복을 주셨고 이삭은 브
엘라해로이 근처에 거주하였더라

이스마엘의 후예

12 사라의 여종 애굽인 하갈이 아브라함
에게 낳은 아들 이스마엘의 족보는 이
러하고

13 이스마엘의 아들들의 이름은 그 이름
과 그 세대대로 이와 같으니라 이스마
엘의 장자는 느바욧이요 그 다음은 게
달과 앗브엘과 밉삼과

14 미스마와 두마와 맛사와

15 하닷과 데마와 여둘과 나비스와 게드
마니

16 이들은 이스마엘의 아들들이요 그 촌
과 부락대로 된 이름이며 그 족속대로
는 열두 지도자들이었더라

17 이스마엘은 향년이 백삼십칠 세에 기
운이 다하여 죽어 자기 백성에게로 돌
아갔고

18 그 자손들은 하윌라에서부터 앗수르로
통하는 애굽 앞 술까지 이르러 그 모든
형제의 맞은편에 거주하였더라

에서와 야곱이 태어나다

19 아브라함의 아들 이삭의 족보는 이러
하니라 아브라함이 이삭을 낳았고

20 이삭은 사십 세에 리브가를 맞이하여
아내를 삼았으니 리브가는 밧단 아람

의 아람 족속 중 브두엘의 딸이요 아람
족속 중 라반의 누이였더라

21 이삭이 그의 아내가 임신하지 못하므
로 그를 위하여 여호와께 간구하매 여
호와께서 그의 간구를 들으셨으므로
그의 아내 리브가가 임신하였더니

22 그 아들들이 그의 태 속에서 서로 싸우
는지라 그가 이르되 이럴 경우에는 내
가 어찌할꼬 하고 가서 여호와께 묻자
온대

23 여호와께서 그에게 이르시되 두 국민
이 네 태중에 있구나 두 민족이 네 복
중에서부터 나누이리라 이 족속이 저
족속보다 강하겠고 큰 자가 어린 자를
섬기리라 하셨더라

24 그 해산 기한이 찬즉 태에 쌍둥이가 있
었는데

25 먼저 나온 자는 붉고 전신이 털옷 같아
서 이름을 에서라 하였고

26 후에 나온 아우는 손으로 에서의 발꿈
치를 잡았으므로 그 이름을 야곱이라
하였으며 리브가가 그들을 낳을 때에
이삭이 육십 세였더라

에서가 장자의 명분을 팔다

27 그 아이들이 장성하매 에서는 익숙한
사냥꾼이었으므로 들사람이 되고 야곱
은 조용한 사람이었으므로 장막에 거
주하니

28 이삭은 에서가 사냥한 고기를 좋아하
므로 그를 사랑하고 리브가는 야곱을
사랑하였더라

29 야곱이 죽을 쑤었더니 에서가 들에서
돌아와서 심히 피곤하여

30 야곱에게 이르되 내가 피곤하니 그 붉
은 것을 내가 먹게 하라 한지라 그러므
로 에서의 별명은 에돔이더라

31 야곱이 이르되 형의 장자의 명분을 오
늘 내게 팔라

32 에서가 이르되 내가 죽게 되었으니 이
장자의 명분이 내게 무엇이 유익하리요

33 야곱이 이르되 오늘 내게 맹세하라 에
서가 맹세하고 장자의 명분을 야곱에
게 판지라

34 야곱이 떡과 팥죽을 에서에게 주매 에
서가 먹으며 마시고 일어나 갔으니 에
서가 장자의 명분을 가볍게 여김이었
더라

이삭이 그랄에 거주하다

26 아브라함 때에 첫 흉년이 들었더니 그
땅에 또 흉년이 들매 이삭이 그랄로 가
서 블레셋 왕 아비멜렉에게 이르렀더니

2 여호와께서 이삭에게 나타나 이르시되
애굽으로 내려가지 말고 내가 네게 지
시하는 땅에 거주하라

3 이 땅에 거류하면 내가 너와 함께 있어
네게 복을 주고 내가 이 모든 땅을 너
와 네 자손에게 주리라 내가 네 아버지
아브라함에게 맹세한 것을 이루어

4 네 자손을 하늘의 별과 같이 번성하게
하며 이 모든 땅을 네 자손에게 주리
니 네 자손으로 말미암아 천하 만민이
복을 받으리라

5 이는 아브라함이 내 말을 순종하고 내
명령과 내 계명과 내 율례와 내 법도를
지켰음이라 하시니라

6 이삭이 그랄에 거주하였더니

7 그 곳 사람들이 그의 아내에 대하여
물으매 그가 말하기를 그는 내 누이라
하였으니 리브가는 보기에 아리따우
므로 그 곳 백성이 리브가로 말미암아
자기를 죽일까 하여 그는 내 아내라
하기를 두려워함이었더라

8 이삭이 거기 오래 거주하였더니 이삭
이 그 아내 리브가를 껴안은 것을 블레
셋 왕 아비멜렉이 창으로 내다본지라

9 이에 아비멜렉이 이삭을 불러 이르되
그가 분명히 네 아내거늘 어찌 네 누이
라 하였느냐 이삭이 그에게 대답하되
내 생각에 그로 말미암아 내가 죽게 될
까 두려워하였음이로라

10 아비멜렉이 이르되 네가 어찌 우리에
게 이렇게 행하였느냐

백성 중 하나가 네 아내와 동침할 뻔하
였도다 네가 죄를 우리에게 입혔으리라

11 아비멜렉이 이에 모든 백성에게 명하
여 이르되 이 사람이나 그의 아내를 범
하는 자는 죽이리라 하였더라

12 이삭이 그 땅에서 농사하여 그 해에 백
배나 얻었고 여호와께서 복을 주시므로

13 그 사람이 창대하고 왕성하여 마침내
거부가 되어

14 양과 소가 떼를 이루고 종이 심히 많으
므로 블레셋 사람이 그를 시기하여

15 그 아버지 아브라함 때에 그 아버지의
종들이 판 모든 우물을 막고 흙으로 메
웠더라

16 아비멜렉이 이삭에게 이르되 네가 우
리보다 크게 강성한즉 우리를 떠나라

17 이삭이 그 곳을 떠나 그랄 골짜기에 장
막을 치고 거기 거류하며

18 그 아버지 아브라함 때에 팠던 우물들
을 다시 팠으니 이는 아브라함이 죽은
후에 블레셋 사람이 그 우물들을 메웠
음이라 이삭이 그 우물들의 이름을 그
의 아버지가 부르던 이름으로 불렀더라

19 이삭의 종들이 골짜기를 파서 샘 근원
을 얻었더니

20 그랄 목자들이 이삭의 목자와 다투어
이르되 이 물은 우리의 것이라 하매

이삭이 그 다툼으로 말미암아 그 우물
이름을 에섹이라 하였으며

21 또 다른 우물을 팠더니 그들이 또 다
투므로 그 이름을 싯나라 하였으며

22 이삭이 거기서 옮겨 다른 우물을 팠더
니 그들이 다투지 아니하였으므로 그
이름을 르호봇이라 하여 이르되 이제
는 여호와께서 우리를 위하여 넓게 하
셨으니 이 땅에서 우리가 번성하리로
다 하였더라

23 이삭이 거기서부터 브엘세바로 올라갔
더니

24 그 밤에 여호와께서 그에게 나타나 이
르시되 나는 네 아버지 아브라함의 하
나님이니 두려워하지 말라 내 종 아브
라함을 위하여 내가 너와 함께 있어 네
게 복을 주어 네 자손이 번성하게 하리
라 하신지라

25 이삭이 그 곳에 제단을 쌓고, 여호와의
이름을 부르며 거기 장막을 쳤더니 이
삭의 종들이 거기서도 우물을 팠더라

이삭과 아비멜렉의 계약

26 아비멜렉이 그 친구 아훗삿과 군대 장
관 비골과 더불어 그랄에서부터 이삭
에게로 온지라

27 이삭이 그들에게 이르되 너희가 나를
미워하여 나에게 너희를 떠나게 하였
거늘 어찌하여 내게 왔느냐

28 그들이 이르되 여호와께서 너와 함께
계심을 우리가 분명히 보았으므로 우
리의 사이 곧 우리와 너 사이에 맹세하
여 너와 계약을 맺으리라 말하였노라

29 너는 우리를 해하지 말라 이는 우리가
너를 범하지 아니하고 선한 일만 네게
행하여 네가 평안히 가게 하였음이니
라 이제 너는 여호와께 복을 받은 자
니라

30 이삭이 그들을 위하여 잔치를 베풀매
그들이 먹고 마시고

31 아침에 일찍이 일어나 서로 맹세한 후
에 이삭이 그들을 보내매 그들이 평안
히 갔더라

32 그 날에 이삭의 종들이 자기들이 판 우
물에 대하여 이삭에게 와서 알리어 이
르되 우리가 물을 얻었나이다 하매

33 그가 그 이름을 세바라 한지라 그러므
로 그 성읍 이름이 오늘까지 브엘세바
더라

에서의 이방인 아내들

34 에서가 사십 세에 헷 족속 브에리의 딸
유딧과 헷 족속 엘론의 딸 바스맛을 아
내로 맞이하였더니

35 그들이 이삭과 리브가의 마음에 근심
이 되었더라

이삭이 야곱에게 축복하다

27 이삭이 나이가 많아 눈이 어두워 잘 보지 못하더니 맏아들 에서를 불러 이르되 내 아들아 하매 그가 이르되 내가 여기 있나이다 하니

2 이삭이 이르되 내가 이제 늙어 어느 날 죽을는지 알지 못하니

3 그런즉 네 기구 곧 화살통과 활을 가지고 들에 가서 나를 위하여 사냥하여

4 내가 즐기는 별미를 만들어 내게로 가져와서 먹게 하여 내가 죽기 전에 내 마음껏 네게 축복하게 하라

5 이삭이 그의 아들 에서에게 말할 때에 리브가가 들었더니 에서가 사냥하여 오려고 들로 나가매

6 리브가가 그의 아들 야곱에게 말하여 이르되 네 아버지가 네 형 에서에게 말씀하시는 것을 내가 들으니 이르시기를

7 나를 위하여 사냥하여 가져다가 별미를 만들어 내가 먹게 하여 죽기 전에 여호와 앞에서 네게 축복하게 하라 하셨으니

8 그런즉 내 아들아 내 말을 따라 내가 네게 명하는 대로

9 염소 떼에 가서 거기서 좋은 염소 새끼 두 마리를 내게로 가져오면 내가 그것으로 네 아버지를 위하여 그가 즐기시는 별미를 만들리니

10 네가 그것을 네 아버지께 가져다 드려
서 그가 죽기 전에 네게 축복하기 위하
여 잡수시게 하라

11 야곱이 그 어머니 리브가에게 이르되
내 형 에서는 털이 많은 사람이요 나는
매끈매끈한 사람인즉

12 아버지께서 나를 만지실진대 내가 아
버지의 눈에 속이는 자로 보일지라 복
은 고사하고 저주를 받을까 하나이다

13 어머니가 그에게 이르되 내 아들아 너
의 저주는 내게로 돌리리니 내 말만 따
르고 가서 가져오라

14 그가 가서 끌어다가 어머니에게로 가
져왔더니 그의 어머니가 그의 아버지
가 즐기는 별미를 만들었더라

15 리브가가 집 안 자기에게 있는 그의 맏
아들 에서의 좋은 의복을 가져다가 그
의 작은 아들 야곱에게 입히고

16 또 염소 새끼의 가죽을 그의 손과 목의
매끈매끈한 곳에 입히고

17 자기가 만든 별미와 떡을 자기 아들 야
곱의 손에 주니

18 야곱이 아버지에게 나아가서 내 아버
지여 하고 부르니 이르되 내가 여기 있
노라 내 아들아 네가 누구냐

19 야곱이 아버지에게 대답하되 나는 아
버지의 맏아들 에서로소이다 아버지께
서 내게 명하신 대로 내가 하였사오니

원하건대 일어나 앉아서 내가 사냥한
고기를 잡수시고 아버지 마음껏 내게
축복하소서

20 이삭이 그의 아들에게 이르되 내 아들
아 네가 어떻게 이같이 속히 잡았느냐
그가 이르되 아버지의 하나님 여호와
께서 나로 순조롭게 만나게 하셨음이
니이다

21 이삭이 야곱에게 이르되 내 아들아 가
까이 오라 네가 과연 내 아들 에서인지
아닌지 내가 너를 만져보려 하노라

22 야곱이 그 아버지 이삭에게 가까이
가니 이삭이 만지며 이르되 음성은
야곱의 음성이나 손은 에서의 손이로
다 하며

23 그의 손이 형 에서의 손과 같이 털이
있으므로 분별하지 못하고 축복하였
더라

24 이삭이 이르되 네가 참 내 아들 에서냐
그가 대답하되 그러하니이다

25 이삭이 이르되 내게로 가져오라 내 아
들이 사냥한 고기를 먹고 내 마음껏 네
게 축복하리라 야곱이 그에게로 가져
가매 그가 먹고 또 포도주를 가져가매
그가 마시고

26 그의 아버지 이삭이 그에게 이르되 내
아들아 가까이 와서 내게 입맞추라

27 그가 가까이 가서 그에게 입맞추니 아
버지가 그의 옷의 향취를 맡고 그에게
축복하여 이르되 내 아들의 향취는
여호와께서 복 주신 밭의 향취로다

28 하나님은 하늘의 이슬과 땅의 기름짐
이며 풍성한 곡식과 포도주를 네게 주
시기를 원하노라

29 만민이 너를 섬기고 열국이 네게 굴복
하리니 네가 형제들의 주가 되고 네
어머니의 아들들이 네게 굴복하며 너
를 저주하는 자는 저주를 받고 너를
축복하는 자는 복을 받기를 원하노라

30 이삭이 야곱에게 축복하기를 마치매
야곱이 그의 아버지 이삭 앞에서 나가
자 곧 그의 형 에서가 사냥하여 돌아
온지라

31 그가 별미를 만들어 아버지에게로 가
지고 가서 이르되 아버지여 일어나서
아들이 사냥한 고기를 잡수시고 마음
껏 내게 축복하소서

32 그의 아버지 이삭이 그에게 이르되 너
는 누구냐 그가 대답하되 나는 아버지
의 아들 곧 아버지의 맏아들 에서로소
이다

33 이삭이 심히 크게 떨며 이르되 그러면
사냥한 고기를 내게 가져온 자가 누구
냐 네가 오기 전에 내가 다 먹고 그를
위하여 축복하였은즉 그가 반드시 복
을 받을 것이니라

34 에서가 그의 아버지의 말을 듣고 소리
내어 울며 아버지에게 이르되 내 아버
지여 내게 축복하소서 내게도 그리하
소서

35 이삭이 이르되 네 아우가 와서 속여 네
복을 빼앗았도다

36 에서가 이르되 그의 이름을 야곱이라
함이 합당하지 아니하니이까 그가 나
를 속임이 이것이 두 번째니이다 전에
는 나의 장자의 명분을 빼앗고 이제는
내 복을 빼앗았나이다 또 이르되 아버
지께서 나를 위하여 빌 복을 남기지 아
니하셨나이까

37 이삭이 에서에게 대답하여 이르되 내
가 그를 너의 주로 세우고 그의 모든
형제를 내가 그에게 종으로 주었으며
곡식과 포도주를 그에게 주었으니 내
아들아 내가 네게 무엇을 할 수 있으랴

38 에서가 아버지에게 이르되 내 아버지
여 아버지가 빌 복이 이 하나 뿐이리이
까 내 아버지여 내게 축복하소서 내게
도 그리하소서 하고 소리를 높여 우니

39 그 아버지 이삭이 그에게 대답하여 이
르되 네 주소는 땅의 기름짐에서 멀고
내리는 하늘 이슬에서 멀 것이며

40 너는 칼을 믿고 생활하겠고 네 아우를
섬길 것이며 네가 매임을 벗을 때에는
그 멍에를 네 목에서 떨쳐버리리라 하
였더라

41 그의 아버지가 야곱에게 축복한 그
축복으로 말미암아 에서가 야곱을 미
워하여 심중에 이르기를 아버지를 곡
할 때가 가까웠은즉 내가 내 아우 야
곱을 죽이리라 하였더니

42 맏아들 에서의 이 말이 리브가에게 들
리매 이에 사람을 보내어 작은 아들 야
곱을 불러 그에게 이르되 네 형 에서가
너를 죽여 그 한을 풀려 하니

43 내 아들아 내 말을 따라 일어나 하란
으로 가서 내 오라버니 라반에게로 피
신하여

44 네 형의 노가 풀리기까지 몇 날 동안
그와 함께 거주하라

45 네 형의 분노가 풀려 네가 자기에게
행한 것을 잊어버리거든 내가 곧 사
람을 보내어 너를 거기서 불러오리라
어찌 하루에 너희 둘을 잃으랴

이삭이 야곱을 라반에게 보내다

46 리브가가 이삭에게 이르되 내가 헷 사
람의 딸들로 말미암아 내 삶이 싫어졌
거늘 야곱이 만일 이 땅의 딸들 곧 그
들과 같은 헷 사람의 딸들 중에서 아내
를 맞이하면 내 삶이 내게 무슨 재미가
있으리이까

MEMO

15 또 어려서부터 성경을 알았나니
성경은 능히 너로 하여금
그리스도 예수 안에 있는 믿음으로 말미암아
구원에 이르는 지혜가 있게 하느니라
16 모든 성경은 하나님의 감동으로 된 것으로
교훈과 책망과 바르게 함과 의로
교육하기에 유익하니 (딤후 3:15~16)